Dirk Jakob (Hrsg.)

Tu dir was Gutes

Geschichten, die das (Networker-)Leben schrieb

Die hier gesammelten (Lebens-)Geschichten sind eine von Dirk Jakob vorgenommene Auswahl.

1. Auflage 2006

Internet: www.horizonte-training.de
eMail: office@dirkjakob.de

Titel: Agentur Winter-Orthen
Lektorat: Lektorat SprungChance GbR

ISBN 3-9809056-2-4

Inhalt

Liebe Leserinnen und Leser,

dieses Buch ist der Beweis dafür, dass neben alledem, was in der heutigen Zeit in den Medien an negativen Nachrichten kursiert, in der Bevölkerung immer noch sehr viel Optimismus, Kampfgeist und Wille zur Selbstständigkeit besteht.

Sie werden hier die (Lebens-)Geschichten von Menschen kennen lernen, die mit sehr offenen Worten und einem tiefen Blick in die eigene Gefühlswelt ihren – teilweise sehr holprigen – Weg beschreiben. Es gibt Ihnen nicht nur Mut, auch in schlechten Zeiten an die eigene Vision zu glauben, nein, es zeigt Ihnen auch konkrete Handlungsschritte, wie sie die einzelnen Personen oder Paare gegangen sind.

Somit sind diese Personen Vorbild im wahrsten Sinne des Wortes!

Ich spreche an dieser Stelle meinen tiefen Dank an diejenigen Menschen aus, die den Mut hatten, ihre Geschichte aufzuschreiben; ohne euch wäre dieses Buch so nicht möglich gewesen! Ich weiß, dass es für einige nicht einfach war …

Ich bedanke mich auch für das tiefe Vertrauen aller TeilnehmerInnen (und es waren weit über 500.000), die im Laufe der letzten 20 Jahre an meinen Trainings, Workshops, Konferenzen und Mehrtagesseminaren teilgenommen haben. Jedes Mal, wenn ich von einem Meeting komme – und hier insbesondere vom „Sprechertraining" –, bin ich von tiefer Dankbarkeit erfüllt. Hier höre ich so viele ergreifende Geschichten – und aus diesem Grunde verneige ich mich vor jedem Schicksal.

Deswegen widme ich dieses Buch eben genau diesen Menschen! Möge jeder Einzelne von euch weiter an seiner Vision, seinem Lebenssinn und seiner Form des Lebenserfolges arbeiten. Wenn wir auf unserem Weg sind, stehen die Sterne gut und die (göttliche) Energie ist auf unserer Seite!

Was mich meine über 25-jährige Ausbildung in den unterschiedlichsten Disziplinen aber auch gelehrt hat, ist, dass JEDER von uns sein Schicksal (bis auf die Situationen, die wir „übernatürlichen Umständen“ zuschreiben) selbst steuert. Ich weiß – hier werden einige denken, dass auch die nicht „zufällig“ existieren.

Aber oftmals sind es gerade die Krisenzeiten, in denen wir auf die Probe gestellt werden und unserem Lebensweg eine entscheidende Richtung geben; es sind die Situationen, die wir nicht wahrhaben wollen und die uns an unserem Glauben an die Menschheit zweifeln und uns fragen lassen: „WARUM GERADE ICH?“

Aber da sind wir schon mitten im Thema und ich beginne damit, meine Geschichte zu erzählen …

Herzlichst Ihr

Dirk Jakob

Wer zu viel zweifelt, verzweifelt leicht!

Ich bin schon über 25 Jahre im Network-Marketing. Nun zähle ich damit zu den „alten Hasen“ – aber wie hat es eigentlich angefangen?

Ich kann mich gut daran erinnern, dass ich schon immer gern mit Menschen zu tun haben wollte. Schon als Schüler fuhr ich mit 14 Jahren zu Jungendfreizeiten, um auf Kids aufzupassen. Nach meiner Schulzeit entschloss ich mich dann, zur Polizei zu gehen – nicht nur, um die Bundeswehrzeit zu umgehen, sondern auch, weil man dort gleich über 1.000 DM erhielt und damit unabhängig vom Elternhaus war.

Nach der Ausbildung und meiner Versetzung in den Einzeldienst stellte ich aber fest, dass ich dort weg musste. Ich kann mich noch sehr gut an die alles entscheidende Szene erinnern: Auf einem Polterabend unterhielt ich mich mit der Braut eines Kollegen und fragte sie, wohin es denn in die Flitterwochen ginge. Darauf erhielt ich die Antwort: „Wir fahren nicht in die Flitterwochen – für das Geld kaufen wir uns eine Küche.“ Spätestens da wusste ich: Da muss ich weg!

Sollte ich meiner zukünftigen Frau – die ich zwar zum damaligen Zeitpunkt noch nicht kannte, aber mit der ich mein gesamtes späteres Leben verbringen wollte – so etwas sagen? Schlagartig wurde mit klar, dass ich mein ganzes Leben immer nur mit Einschränkungen zu leben hatte – nie konnte ich das tun, was mir wirklich gefiel. Das musste sich ändern! Also schaute ich mich nach Nebentätigkeiten um und reparierte Autos, arbeitete in Diskotheken und „schaffte“ auf dem Bau; mal ganz ehrlich – das war nichts für mich …

Eines Tages hielt mich dann ein Kollege, mit dem ich gemeinsam in der Ausbildung war, auf der Autobahn an, weil ich zu schnell gefahren war. Da es regnete, setzt er sich zu mir in meinen Pkw und schrieb sein „Knöllchen“ – er „müsse“ es tun. Nun gut, sagte ich mir – ich konnte ihn noch nie so richtig leiden und meine Meinung hat sich also bestätigt. Als er dann aber erzählte, dass er sich eine Eigentumswohnung gekauft habe und sein Hobby die Fliegerei wäre, fragte ich ihn, ob er reich geheiratet habe oder – mit einem Augenzwinkern – keine Quittungen schreibe. Nein sagte er – er mache nebenbei Network-Marketing. Ohne lange zu zögern gab er mir eine Anschrift, wo ich mich erkundigen könne. Vier Tage später war ich auf einer Informationsveranstaltung.

Das Thema interessierte mich eigentlich überhaupt nicht und es gab 1980 überhaupt keine Lektüre oder andere Medien zu diesem Thema – es war völlig unbekannt. Trotzdem wusste ich einige Abende später: Diese Chance muss ich ergreifen! Da war das erste Mal eine Gelegenheit, die Perspektive hatte und mir eine ehrliche Chance bot; hier kam es nur auf mich und meine Leistung an!

Während der ersten anderthalb Jahre baute ich mir also nebenberuflich eine Selbstständigkeit auf und verließ dann meinen ach so sicheren Beamtenberuf, da im Kollegenkreis der Neid und das Unverständnis so groß wurde, dass man sogar versucht hatte, mich anzuzeigen. Ich hätte meiner Pflicht des „außerdienstlichen Wohlverhaltens“ nicht Genüge getan.

Selbstverständlich wurde die Anzeige noch vor Prozessbeginn niedergeschlagen und der damalige Untersuchungsrichter sprach von einem „Skandal“, dass man so etwas überhaupt zulassen könne. In der heutigen Zeit würde man wohl von Mobbing sprechen.

Ich war in jedem Fall be(f)reit und arbeitete an meiner Karriere. Meine Eltern schlugen die Hände über dem Kopf zusammen – wie konnte ich nur meinen sicheren Beamtenstatus aufgeben? Sämtliche Versuche, ihnen meine Position zu vermitteln, schlugen fehl und mir wurde klar, dass meine Werte wie Unabhängigkeit, Freiheit und Gerechtigkeit in ihren Augen nicht so wichtig waren wie Sicherheit. Aber es dauerte wirklich lange, bevor ich damit „in Frieden“ war.

Parallel nahm ich mindestens zweimal pro Jahr auf der ganzen Welt an den unterschiedlichsten Seminaren teil, um mich weiterzubilden. Ich wollte Menschen besser kennen lernen, sie verstehen, mich nicht von der Fassade trügen lassen, hinter die Masken schauen, um WIRKLICH etwas zu bewirken. Wenn ich zusah, womit sich Menschen beschäftigten, ihr Leben verbrachten, auf welcher Ebene sie sich unterhielten, und erlebte, dass sie meistens eher „funktionierten“ als lebten, wie das Wort Freundschaft gedeutet wurde und wie Menschen sich und ihre Werte für „30 Silberlinge“ verkauften – dann war/bin ich einerseits traurig; andererseits habe ich gelernt, zu akzeptieren. Je mehr ich verstand, desto mehr wusste ich, dass es genau das ist, was ich wollte – Menschen befähigen.

Es gab gute und schlechte Zeiten. Obwohl – wie soll man „schlechte Zeiten“ sehen? Als Zeiten der inneren Einkehr, der Rückbesinnung, der Metamorphose?

Sicher gefiel es mir besser, wenn ich aus dem Vollen schöpfen konnte – und das konnte ich wirklich. Mit knapp 30 Jahren, einem eigenen Flugzeug, mehreren Autos, einer Harley-Davidson, Wohnungen usw. ging es mir wirklich nicht schlecht. Einmal fragte ich meine Mutter, ob sie denn verstünde, was ich da mache. Darauf antwortete sie mir in ihrer ehrlichen und offenen Art: „Nein, mein Junge – wenn mich einer fragt, was du tust, dann sage ich immer, dass du viel Kaffee trinkst und Kreise malst ...“ Na ja – damit verdiente ich jedenfalls gutes Geld!

Aber da gab es eben auch die andere Seite, gerade anfänglich, als ich meine Sachen in den Secondhand-Laden geben musste, um die Miete zu zahlen. Das Schlimmste kam aber, als mich das Leben nach zehn Jahren Networking auf die Probe stellte und ich „eigentlich“ schon nicht mehr hätte arbeiten müssen: Dirk, was ist dir wichtiger „Geld oder Werte“? Ich entschied mich für Letzteres, da ich sah, dass die Firmenleitung einen Weg eingeschlagen hatte, den ich nicht mitgehen konnte – und verlor alles. Von der mit Marmor und Lackdecken von Edeldesignern eingerichteten Eigentumswohnung direkt rein in ein 28-qm-Apartment; die Ehe zerbrach und meinen Eltern konnte ich die Lage so nicht erklären. Obwohl sie sich natürlich gewundert haben, wieso ich nun in diesem kleinen „Wohnklo mit Kochnische“ saß ...

Sicherlich hätte ich aus heutiger Perspektive und mit der jetzigen Lebenserfahrung vieles anders gemacht, denn an der Misere hatte nur ich allein Schuld. Wenn man glaubt, dass der „warme Regen“ immer weiter vom Himmel fällt, und nicht rechtzeitig vorsorgt, dann kann es schon einmal passieren, dass man „kalt erwischt“ wird. In der heutigen Zeit können diese Dinge sicherlich nicht mehr passieren, da die gesetzliche Absicherung wesentlich besser geworden ist – aber es war eben mein teures Lehrgeld!

In diesen so genannten „schlechten Zeiten“ konnte ich aber in regelmäßigen Abständen eines feststellen. Durch diese schmerzlichen Erfahrungen wurde ich immer wieder gezwungen, in meine Seele zu schauen und mich zu überprüfen, um dann letztlich „geläutert und gestärkt“ wieder daraus hervorzugehen. Etwas, was man sicher vermeiden will – aber da ist das Leben wie eine Fahrt auf dem Segelschiff, bei der der Wind auch nicht immer von hinten kommt, sondern einem manchmal direkt ins Gesicht bläst.

Über eine weitere Zwischenstation nahm ich dann die Stelle eines Geschäftsführers eines internationalen Network-Marketing-Unternehmens an, um festzustellen, dass die Welt der Zahlen nicht die meine war. Nun hatte ich sämtliche Positionen innerhalb der Branche inne gehabt und kam zu der Erkenntnis, dass es die Menschen waren, die hier so besonders waren, und dass ich ganz anders arbeiten konnte. Darum ging es mir doch im Wesentlichen – Menschen befähigen! Ich wollte und will kein Unternehmen führen – da gibt es sicherlich viel geeignetere Manager –, mein Thema war und ist Leadership/Empowerment.

Nun bin ich in der Welt des Network-Marketings als Consultant und Trainer tätig, wobei mir der Begriff „Trainer“ nicht treffend erscheint. Wenn man mich fragt, was ich tue, so sage ich oft, dass ich „Geburtshelfer für menschliche Potenziale“ bin – und genau so sehe ich mich.

Ich lebe mit meiner zweiten Frau und unseren drei Kindern glücklich zusammen und unser Freundeskreis ist groß. Ich liebe meine Arbeit und anerkenne die Menschen, die in dieser Branche sind und wirklich einen Unterschied machen. Sicher gibt es auch hier „Schausteller", „Dünnbrettbohrer" und „Maulhelden" – aber in welcher Branche gibt es sie nicht?

Ich habe aber noch nie so viele Menschen wie in dieser Branche getroffen, die Eigenverantwortlichkeit an den Tag legen und bereit sind, sich für sich und ihre Ziele einzusetzen, für ihre Träume zu kämpfen, für ein besseres Miteinander Verantwortung zu tragen und Ausreden beiseite zu legen, um lösungsorientiert die Zukunft in die eigenen Hände zu nehmen.

Hier wird zusammengehalten und auch den dümmsten und immer wiederkehrenden Falschaussagen getrotzt; Persönlichkeitsentwicklung wird der Stellenwert gegeben, den sie hat, wenn man dauerhaft weiterkommen will. Man ist an den MENSCHEN und deren Bedürfnissen interessiert und nicht nur an der Arbeitsleistung.

Wie gerne erinnere ich mich an Lissy, die zu einer Partnerin ihrer Downline sagte: „Nimm dir erst mal Zeit für dich und deine Familie und kümmere dich dann um deinen Erfolg ..." – im „normalen Business" ist mir das noch nie passiert. Eher war das Gegenteil der Fall: Privates interessiert nicht und es zählt nur der „Shareholder Value". Menschen mit reichen Erfahrungen werden „aussortiert" und es fehlt in vielen Unternehmen an so wichtigen Eigenschaften wie Vertrauen, Offenheit und dem Gefühl der Zusammengehörigkeit.

Spätestens seit Jürgen Klinsmann und der WM 2006 wissen wir, wie wichtig das „Wir-Gefühl" ist, dass man als Führer auch mal unpopuläre Entscheidungen treffen muss und sich voll und ganz hinter sein Team stellt, das sich selbst als solches definiert! Da gibt es noch ganz andere Aspekte, auf die ich hier als Fußball-laie gar nicht näher eingehen will und kann.

Oder Andrea, die sich wie eine Löwenmutter vor ihre Gruppe gestellt hat und in schwierigen Situationen hunderten von Menschen in einer scheinbar ausweglosen Situation Alternativen bot. Und ganz besonders Gabi, die zu einer engen Freundin geworden ist, mit der ich viele tiefe Gespräche führe und bei der ich fühle, wie ihr das Wohl anderer Menschen am Herzen liegt. Oder Robert, der vor einer ähnlichen Situation wie ich stand und sich für sein Gewissen entschieden hat und wusste, dass die einzige Sicherheit die ist, die er mit und in sich trägt ... Die Liste ist unendlich lang ...

Mittlerweile haben wir sogar durch den gemeinnützigen Verein – den Networker for Humanity e. V. –, dessen Gründungsmitglieder ich alle persönlich kenne und denen ich an dieser Stelle nochmals ausdrücklich danken will, weitere Zeichen gesetzt. Wir arbeiten firmenübergreifend zusammen, veranstalten gemeinsame Events und tun von den gespendeten Geldern wirklich Gutes.

Mein Dank an die Gründungsmitglieder, die von der Idee sofort fasziniert waren. Sie haben sich von allem Für und Wider nicht abhalten lassen, gemeinsam mit mir den NfH e. V. zu gründen, mir das Vertrauen auszusprechen und mich im Nachgang zum 1. Vorsitzenden zu wählen:

Andrea & Klaus Tafel
Claus Nagel
Daniel Müller
Felix Puzio
Frank von Leliwa
Gabi Steiner
Günter Eicher
Prof. Dr. Michael M. Zacharias
Robert Merkel

Nun, diese Branche und die Menschen, die darin arbeiten, haben mir viel gezeigt und ich lerne täglich dazu. Wenn ich mir vorstelle, ich wäre noch immer als Polizist angestellt und hätte den Schritt damals nicht getan, dann wird mir angst und bange ... Über Jahre hinweg hatte ich Albträume, in denen ich glaubte, wieder zum Dienst fahren zu müssen. War ich dann wieder froh, als ich aufwachte!

Für mich ist Network- bzw. Empfehlungsmarketing die „Menschenentwicklungsschule" schlechthin und ich habe viele Leute kommen und gehen sehen. Diejenigen, die es „mal probieren" wollten, sind über kurz oder lang gegangen. Andere, deren Wünsche und Träume wesentlich präsenter waren, haben scheinbar das Unmögliche möglich gemacht und leben ein glückliches Leben in Freiheit, das sicher auch mit den unterschiedlichsten Herausforderungen gespickt ist. Aber sie wissen eines: Sie haben ihr Schicksal in die eigenen Hände gelegt.

Wenn Sie also dieses Buch lesen, dann denken Sie daran, dass es „Menschen wie du und ich sind" – und evtl. könnte auch Ihre Geschichte hier stehen.

In Liebe und Respekt vor jedem Schicksal, welches wir uns zu jedem Zeitpunkt immer selbst aussuchen, wünsche ich Ihnen viel Spaß beim Lesen.

Ihr

Dirk Jakob

P. S.: Vor kurzem habe ich erfahren, dass der Kollege, bei dem ich damals auf dem Polterabend war, sich nach fünf Jahren wieder hat scheiden lassen. Ob er die Küche wohl mitgenommen hat?

Das zweifache Glück

Jeder ist seines Glückes Schmied. Glauben Sie daran? Oder gehören Sie eher zu den Menschen, die glauben, dass manche auf der Sonnenseite des Lebens geboren werden und andere auf der Schattenseite?

Ich kenne beide Seiten, aber ich habe im Laufe meines Lebens auch gelernt, die Chancen, die mir angeboten wurden, zu erkennen, auszuprobieren und, wenn ich sie für mich als richtig erkannte, gegen alles Gespött der Leute meiner Umgebung durchzusetzen.

Ich bin in Spanien geboren, im Zentrum der Hauptstadt Madrid, zu einer Zeit, als Hunger und Not nach einem Bürgerkrieg und anschließendem Zweiten Weltkrieg so groß waren wie heute in einem Entwicklungsland. Dazu kam, dass die Stadt während des Bürgerkrieges stark bombardiert worden war und Reparaturen oder Wiederaufbau während der darauf folgenden Diktatur nur „provisorisch" vorgenommen wurden. Können Sie sich vorstellen, dass damals die Wasserversorgung in der Stadt öfter zusammenbrach und zwei oder drei Tage lang aus dem Wasserhahn kein Tropfen Wasser floss?

Eine der eindrucksvollsten Erinnerungen an meine Kindheit waren die Zeiten, in denen meine Mutter und ich – ich war damals vier bis fünf Jahre alt – am Hydranten an der Straße, drei oder vier Häuserblocks von unserer Wohnung entfernt, in der Schlange standen, um frisches Wasser zum Kochen und Trinken nach Hause zu bringen. Können Sie sich vorstellen, wie es ist, bei 42° C im Schatten in der Sonne zu stehen und zu warten, bis man an der Reihe ist?

Aber die Zeiten änderten sich zum Glück zum Positiven. Ich konnte eine Mädchenschule besuchen und später im französischen Halbtagsinternat in Madrid mein Abitur absolvieren.

Mein Studium musste ich allerdings abbrechen, weil das Geld meines Vaters dafür nicht mehr reichte. Also entschied ich mich, einen Job zu suchen. Was macht man, wenn man zwei Sprachen spricht und dazu ein paar Brocken Englisch? Man nimmt eine Stelle als Dolmetscherin an, in meinem Fall in einem der größten Kaufhäuser in Madrid.

Eines Tages stand ein junger Mann vor mir und nahm meine „sprachlichen Dienste" in Anspruch. Später sollte ich erfahren, dass er nur einen Vorwand suchte, um einen Termin zum Kaffeetrinken mit mir zu vereinbaren. Aus dem einen Termin wurden regelmäßige Treffen mit dem jungen deutschen Mann, aus diesen Treffen eine Beziehung und aus der Beziehung eine Ehe, die seit 40 Jahren besteht.

Und so kam ich nach Deutschland, lernte Deutsch und arbeitete nur sporadisch, meistens von zu Hause aus, indem ich Kataloge, Gebrauchsanweisungen oder ähnliche Schriften übersetzte.

Zwei Jahre später brach bei mir während der Schwangerschaft mit unserem ältesten Kind, einer Tochter, eine rheumatische Erkrankung mit heftigen

Schmerzen und häufigen Krankheitsschüben aus. Die Untersuchungen, Kuren und verschiedenen Behandlungen brachten wenig Erfolg. Nach weiteren zweieinhalb Jahren kam unser zweites Kind zur Welt, diesmal ein Junge. Allerdings war meine Erkrankung so weit fortgeschritten, dass ein Austragen nicht möglich war: Das Kind kam im siebten Monat der Schwangerschaft auf die Welt.

Spätestens jetzt wollte ich wissen, was für eine Erkrankung ich habe, und ich erfuhr nach vielen Untersuchungen auch die Wahrheit. „Sie sind an Morbus Bechterew erkrankt", sagte mir eines Tages ein Orthopäde in meiner Umgebung. „Die Krankheit ist eine der schlimmsten entzündlichen Rheuma-Erkrankungen unserer Zeit. Sie befällt die Wirbelsäule, vom Kreuzbein angefangen, erstreckt sich über sämtliche Wirbel und dehnt sich aus auf Groß- und teilweise auch auf Kleingelenke. Sie werden steif und Sie werden immer mit Medikamenten leben müssen", sagte mein Arzt. Von diesem Zeitpunkt an nahm ich Medikamente. Nebenwirkungen? Oh ja, ich habe sie alle kennen gelernt und gespürt, aber wie sollte ich zwei Kinder, ein Reihenhaus und meinen Mann, der einen sehr stressigen Beruf hatte, versorgen?

Was ich alles an verschreibungspflichtigen, ganz starken Medikamenten genommen habe, weiß ich heute nicht mehr. Ich weiß nur, dass bis zu sieben von diesen Medikamenten einige Zeit später vom Markt genommen wurden. Und glauben Sie, dass ich dadurch schmerzfrei war? Nein, ich war das nicht. Morgens musste ich die Treppe vom Schlafzimmer im ersten Stock ins Wohnzimmer und die Küche im Erdgeschoss rückwärts hinunter gehen, weil beim Vorwärtsgehen die Schmerzen zu stark waren. Die Arme nach oben zu strecken, um einen Pullover oder ein T-Shirt anzuziehen, war so schlimm, dass ich nur Strickjacken und Blusen trug. Kartoffeln schälen konnte ich, wegen der Beschwerden an den Fingern, auch nur selten.

So vergingen die Jahre und ich sah mit Entsetzen, dass die Krankheit immer schlimmer wurde und die Medikamentenmenge immer größer: Antirheumatika bis zur höchsten Dosierung, Schmerzmittel, Kortison, Basistherapien, dreimal wöchentlich Gymnastik, Massagen, und alles nur, um eine Linderung zu erzielen, keine Heilung.

Da ich irgendwann mal verstand, dass die Schulmedizin keine Lösung für meine Probleme hatte, suchte ich in der Ausbildung zur Heilpraktikerin eine Möglichkeit, auf Naturheilbasis eine Besserung für meine Beschwerden zu finden. Viel Glück hatte ich aber auch dabei nicht.

Eines Tages besuchte mein Mann seinen Bruder, der zu ihm sagte: „Schau mal, ich habe eine Nahrungsergänzung gefunden, die eventuell deiner Frau helfen könnte, und mit diesen Produkten kann man auch Geld verdienen." Natürlich habe ich nichts von der Idee gehalten, als „Versuchskaninchen" zu dienen, aber ich bekam dabei die Adresse einer ausgebildeten Ernährungsberaterin. Von ihr erfuhr ich viel über Ernährung, was Bücher oder Naturheilkunde nicht veröffentlichen, und ich fing an, sowohl die Nahrungsergänzung auszuprobieren, als auch meine Ernährung umzustellen.

Fast nebenbei erwähnte sie, dass, wenn man diese Produkte weiterempfiehlt, auch die Möglichkeit besteht, dadurch viel Geld zu verdienen – sie sei schon dabei. Mein Mann und ich besuchten ein Seminar bei ihr. Damals fragte ich einen Networker, der eine raketenartige Karriere hinter sich hatte, was er wohl machen würde, wenn er einmal so viel Geld hätte, dass etwas übrig bliebe: „Es gibt so viel Not auf dieser Welt“, antwortete er. Diese Aussage blieb nicht ohne Wirkung in meinem Gedächtnis. Die erste Begeisterung für Network-Marketing war da.

Das Geldverdienen überließ ich anderen, meinem Schwager, meinem Mann (der gerne aus dem stressigen Beruf aussteigen wollte) und ein paar anderen Menschen. Ich wollte nur weniger Schmerzen spüren. Nach ca. sechs Monaten Ernährungsumstellung und Nahrungsergänzung bemerkte ich tatsächlich, dass sich etwas in meinem kranken Körper veränderte: Ich konnte den linken Arm ohne Schmerzen nach oben strecken und ab und zu gab es wieder geschälte Kartoffeln für meine Familie. Und dann erkannte ich die Chance, die mir Glück bringen sollte!

In Zusammenarbeit mit meinem Orthopäden entwickelte ich eine Art Ernährungstherapie mit zusätzlichen Nahrungsergänzungen von verschiedenen Firmen. Die besten Produkte für mich waren Produkte, die von Network-Firmen vertrieben wurden. Ich probierte sie erst an mir selber und wenn ich zufrieden war, empfahl ich diese Produkte anderen Menschen weiter. Die guten Erfahrungen bei Beschwerden verschiedener Art mit einer Ernährungsumstellung plus Nahrungsergänzung trieben mich immer mehr und mehr dazu, mich mit der Materie zu befassen, und es dauerte nicht lange, bis ich eine Art „Expertin“ in diesem Bereich wurde.

Der erste Glückskreis schloss sich: Ich fühlte mich immer besser und nach anderthalb Jahren konnte ich im Normalfall ohne Medikamente leben – nur während der Schübe musste ich Schmerzmittel nehmen! Mit der Krankheit werde ich sterben (Morbus Bechterew ist unheilbar), das wusste ich, aber schmerz- und symptomfrei zu leben, erhöht nicht nur die Lebensqualität, es macht auch glücklich. Das wollte ich erreichen und zog mein Programm durch.

Nun folgte eine Entwicklung, mit der niemand gerechnet hatte: Dadurch, dass viele Menschen sahen, dass es mir gut ging, wollten sie auch Produkte, die ich selber verwendete, ausprobieren. So ergab sich nach einiger Zeit ohne Druck und ohne, dass ich aus der Situation Profit schlagen wollte, ein kleines Geschäft. Ich fing an, Vorträge zu halten, Ernährungspläne auszuarbeiten und Nahrungsergänzungen zu empfehlen. Wenn jemand von den Produkten begeistert war, dann erklärte ich, wie ich von Krankheit auf Wohlbefinden kam und vom „Nichtverdiener“ auf „Verdiener“.

Mein Mann merkte bald, dass sich meine Kontakte besser entwickelten als seine mit Geschäftsinteressierten, die das Network viel zu kompliziert betreiben wollten und nach kurzer Zeit enttäuscht aufgaben. Er ließ mich praktisch „an der Front arbeiten“, kündigte seine Stellung und arbeitet bis zum heutigen Tag im Hintergrund als „graue Eminenz“.

Und wieder zeigte mir das Schicksal eine neue Seite: Das erste Network-Unternehmen, mit dem wir in Kontakt gekommen waren, bekam in Deutschland einen schlechten Ruf. Da ich inzwischen weder auf die tollen Produkte noch auf meinen Verdienst verzichten wollte, fing ich an, mich über die Network-Szene intensiver zu informieren. Und erneut bot sich mir eine Chance, die ich sofort ergriff: In meiner Nähe sollte ein Vortrag gehalten werden über den weltweit größten Hersteller von Naturprodukten aus einer bestimmten Pflanze. Ich nahm an diesem Vortrag teil und erfuhr, dass sämtliche Nahrungsergänzungen, die ich selber gegen meine Erkrankung nahm, auch von diesem Unternehmen hergestellt und vertrieben wurden. Am nächsten Tag unterschrieben mein Mann und ich den „Vertrag zum zweifachen Glück“.

Jetzt wollte ich auch endgültig meine Stellung als „Hausfrau“, die ich 25 Jahre lang gehalten hatte, aufgeben. Ein Besuch beim Steuerberater holte mich allerdings wieder auf den Boden der Tatsachen zurück: „Sie sind über 50 Jahre alt, haben eine unheilbare Krankheit und sind Ausländerin. Um innerhalb von zehn Jahren eine Rente zu erreichen, ist es zu spät, selbst wenn Ihr Mann Sie unterstützen will!“ Doch all diesen Tatsachen stand meine angeborene Beharrlichkeit gegenüber, das, was ich mir einmal vornehme, auch bis zum Erreichen des gesetzten Zieles durchzuziehen.

Die neuen Produkte bewirkten in der gewählten Kombination eine stärkere Entgiftung mit dem Ergebnis, dass die Krankheitsschübe kaum mehr auftauchten. Wir hatten einen großen Kundenkreis und aus diesem Kreis entwickelten sich regelmäßig Geschäftspartner, manche waren regelrechte „Raketen“, andere etwas langsamer. Das war so beständig, dass wir innerhalb von zwei Jahren den Traum eines jeden Networkers erreicht hatten: mindestens „fünf Frontliner“, die genauso erfolgreich sind wie wir selbst.

Das monatliche Einkommen wurde immer größer und immer stabiler. Zusätzlich erreichten wir jedes Jahr viele Incentives: bezahlte Reisen in andere Länder mit Übernachtungen in den besten Hotels der Welt, wertvolle Geschenke und die Erfüllung einer meiner größten Wünsche, ein nagelneues Auto nach Wahl für mich ganz allein. Nach weiteren zwei Jahren wurde nicht nur mein Auto vom Unternehmen finanziert, sondern auch das meines Mannes.

Dann ging der nächste Traum in Erfüllung, denn wir leben seit einigen Jahren in einem wunderschönen eigenen Penthouse mit einer Rundumsicht von Stuttgart bis Pforzheim. Wir träumen nicht mehr unser Leben, wir leben unsere Träume!

Bei einem routinemäßigen Besuch bei unserem Steuerberater erwähnte er kürzlich, dass wir inzwischen sein größter Mandant geworden sind und dass er so etwas noch nie erlebt hätte, denn in den zehn Jahren habe ich mir eine „Rente" erworben, die kein Staat der Welt in dieser Höhe bezahlen würde oder könnte. Er weiß ja auch aus unseren Unterlagen, dass wir die Hälfte der Sonderzahlung, die wir einmal im Jahr zusätzlich zu unserem monatlichen Provisionsscheck bekommen, für ein Trinkwasserprojekt in Zentralafrika spenden. „Wie kommen Sie auf so eine Idee?", fragte er damals erstaunt ...

Eines meiner Lebensziele war entstanden, als der erfolgreiche Networker Jahre zuvor zu mir sagte, es gäbe so viel Not auf dieser Welt. Da erinnerte ich mich an das Anstehen am Hydranten in der großen Hitze als Kind. Und ich nahm mir vor: Wenn ich eines Tages viel Geld übrig haben sollte, werde ich dazu beitragen, dass ein Teil der Ärmsten dieser Welt sauberes Wasser zum Trinken hat, ohne in der Hitze von Afrika kilometerweit laufen zu müssen, um es zu holen. Und mein Mann unterstützt diesen Wunsch.

Bis heute haben wir 22 Trinkwasserbrunnen mit einer Tiefe zwischen 35 und 80 m im Tschad durch eine Welt-Hilfe-Organisation bauen lassen. Dadurch sind allein die Durchfallerkrankungen, die bei Kindern zum Tode führen können, um 85 % gesunken und wir selbst genießen unser „zweifaches Glück" durch Network: das gesundheitliche und das finanzielle!

Die Antwort kann nur sein, Network-Marketing kann zur Verwirklichung von Lebenszielen beitragen.

Mari-Carmen Wettcke

Learning by doing

Kennst du das Gefühl, an einem Ort anzukommen, an dem du noch nie warst und trotzdem ist dir alles vertraut?

So ging es mir im Mai 1968, als ich das erste Mal nach Frankreich kam. Diese Reise war „erpresst“. Ich hatte mit meinen damals 16 Jahren erfolgreich gedroht, nur dann Abitur zu machen, wenn ich vorher eine Weile in Frankreich leben dürfte – und diese Drohung war wirkungsvoll, weil ich zuvor (nicht erfolgreich) von zu Hause abgehauen war.

Ich hatte mich, unterstützt durch pubertäre Hormonschübe, nach Vaters Tod vom pflegeleichten Sonnenschein zum schwarzen Schaf der Familie verwandelt. Dennoch ließ es sich meine Mutter nicht nehmen, mich persönlich quer durch Frankreich zu chauffieren, um auch sicher zu sein, dass ihr Kind gut aufgenommen wurde. Schon beim Über-die-Grenze-Fahren hätte ich jubeln können vor Glück, es war so, als würde ich bereits alles kennen, endlich nach Hause kommen.

Dieser Zustand hielt die ganzen Monate an, die ich mit meiner französischen Familie in der Provinz verbrachte. Ich hatte von nun an gleich zwei Mütter, einen zusätzlichen Bruder und eine zweite Schwester. Ich war fest entschlossen, später einmal in Frankreich zu leben, auf einem Landsitz mit großem Garten, alten Bäumen, Hunden, Katzen.

Nach meiner Rückkehr nach Deutschland ging ich freiwillig ins Internat, machte tatsächlich das Abitur und fing mein Studium weit weg von zu Hause an. Ich war aktiv in der Studentenbewegung, lernte viel (gelegentlich auch an der Uni), hatte alle möglichen Jobs nebenbei, um mein Studium zu finanzieren, probierte so ziemlich alles aus, lebte eine Weile allein in Paris und kehrte dann wieder nach Deutschland zurück.

Nach diversen Praktika wurde mir klar, dass ich keine gute Lehrerin abgeben würde, Karriere an der Uni erschien mir etwas trocken und mit meiner geballten Prüfungsangst nicht als Alternative. (Ich hätte nie zugegeben, dass ich vor irgendetwas Angst habe und war seit Jahren gewohnt, so zu tun, als ob ich ganz genau wüsste, wo's lang geht. Nur keine Schwäche zeigen ...)

Ich brach mein Studium ab, zog aufs Land und gründete einen Laden, der eigentlich ein Gemeinschaftsprojekt sein sollte. Zu dumm, dass ich mir eine WG ausgesucht hatte, in der die beteiligten Mitbewohner entweder in permanente Beziehungs-, Selbstfindungs- oder sonstige Krisen gerieten oder schlicht und einfach etwas ganz anderes wollten. Ich übernahm das Ganze, tat aber so, als sei hier die Wahnsinns-Landkommune am Werk.

Ich entwickelte sogar Schuldgefühle, weil ich bei den wöchentlichen Gruppendiskussionen immer schmallippiger und bissiger wurde ... Ab und an fuhr ich nach Frankreich, der Kontakt zu meiner Familie riss auch nie ab – aber der Traum wurde immer blasser.

Ich verbrachte Jahre damit, viel zu tun, ohne zu wissen, was ich eigentlich wollte. Wenn es irgendwo bei anderen brenzlig wurde, eilte ich herbei und spielte

„Feuerwehr", ich reagierte auf Menschen und Situationen, „rettete" andere und vergaß völlig, wer ich selbst war.

Nach zehn Jahren Ehe mit einem Künstler, in denen ich u. a. lernte, Häuser und Wohnungen zu renovieren, eine Werkstatt und Galerie aufzubauen, diverse Ausstellungen zu organisieren, andere Künstler aufzupäppeln, immer wieder Gelder aufzutreiben und vor allem: hervorragend Mangel zu verwalten (ich war stolz darauf, aus dem Nichts immer noch das aufzutreiben, was gerade wichtig erschien), machte mir mein damaliger Mann ein großes Geschenk: Er verliebte sich heftig und unwiderruflich in meine beste Freundin (die keinerlei Gegenwehr zeigte) und ich stand plötzlich ohne „Aufgabe" da.

Natürlich hätte ich dieses Geschenk am liebsten in den Mülleimer geworfen (nur so als Bild, weil ich es damals natürlich nicht als Geschenk sah). Fakt war: Ich war am Ende, sah mich komplett in Frage gestellt und fiel erst einmal in ein riesiges Loch.

Ich hatte kurz vor diesem Ereignis wieder angefangen zu studieren – natürlich ohne meine „Pflichten" zu vernachlässigen – und dehnte meine Arbeitszeiten halt einfach auf die Nacht aus. Meine Existenzangst war jetzt so groß, dass ich auf Nummer sicher gehen wollte. Ich brach also auch dieses Studium ohne den ersehnten Abschluss ab und machte mit inzwischen 40 Jahren endlich eine „solide" Ausbildung (gesponsert vom Arbeitsamt, dem Himmel sei Dank ...).

In dieser Zeit lernte ich meinen jetzigen Mann kennen. Mit ihm kamen neue Geschenke: endlich ein „Fels in der Brandung", zwei (erwachsene) Söhne und der Anstoß, mich mit Krankheit und Tod intensiv zu beschäftigen. Sechs Monate nach unserer Hochzeit erfuhren wir anlässlich einer Untersuchung, dass mein Mann nur zwei Alternativen hatte: plötzlicher Herztod innerhalb der nächsten Wochen oder mehrere Bypässe.

Parallel dazu machte ich in meinem neuen Beruf Karriere, verdiente sehr gut, wir kauften ein Haus, von außen sah alles so aus, als ob endlich „Normalität" eingekehrt sei. Stattdessen war die Angst um meinen Partner mein ständiger Begleiter. Ich tat alles, um sie wegzudrücken, funktionierte hervorragend, definierte mich mehr denn je über Leistung, ließ nichts und niemanden mehr wirklich an mich ran und fühlte mich, als sei mein Leben nur eine Rolle, die ich perfekt darstellte. Ich war mir unterwegs abhanden gekommen. Schließlich wurde ich krank, nichts ging mehr.

Ich brauchte lange, um wieder auf die Füße zu kommen und fand dabei ganz viel Unterstützung. So hab ich es dann auch geschafft, mich aus dem ungeliebten Angestelltenverhältnis zu lösen (was enorm dadurch erleichtert wurde, dass ich gemobbt wurde) und mich in einem Bereich selbstständig zu machen, in dem ich anderen helfen, ihnen etwas Gutes tun und zugleich meine bisher verleugneten Fähigkeiten ausleben konnte. Ich fühlte mich damit auch eine ganze Weile sehr wohl, machte Zusatzausbildungen, las viel, erweiterte meinen Freiraum. Die finanzielle Seite habe ich mehr oder weniger ausgeblendet, war aber immer auf der Suche nach „Nebeneinnahmen", weil mein Hauptberuf nicht das einbrachte, was wir uns „erhofft" hatten.

Ich erfuhr über Freunde von Network-Marketing, war von der Qualität der Produkte beeindruckt, schaute mir auch die eine oder andere Veranstaltung an, fand die Atmosphäre immer gut, aber der Funke sprang nie richtig über. Dann lernte ich diese Geschäftsidee besser kennen, die für mich einfach anders war, und entschloss mich, hier aktiv zu werden.

Nur: Ich konnte zwar erzählen, dass es da eine tolle Möglichkeit gäbe, aber ich erwähnte sie immer nur verschämt „am Rande“ und tat alles, damit meine Gesprächspartner ja nicht nachfragten. Ich las jedes Buch über Network-Marketing, was immer mir in die Finger kam, ich fand es toll, ich bekam rote Backen – aber im stillen Kämmerchen – und wand mich weiterhin innerlich, wenn ich mit Menschen darüber sprach.

Heute weiß ich, dass es daran lag, dass mich das Potenzial dieser „Arbeit“ total erschreckt hat. Ich hatte nämlich eine ganze Menge Müll im Kopf wie z. B., dass nur harte Arbeit (die bitteschön keinen Spaß machen darf) dazu „berechtigt“, etwas mehr zu verdienen als zur bloßen Existenzsicherung notwendig ist (quasi als Schadensersatz für entgangenes Leben), oder dass ein guter Mensch und viel Geld sich ausschließen usw.

Warum auch immer, diesmal blieb ich „dran“, war stur, machte ganz viel Fleißarbeit und ging an mein „Eingemachtes“. Was mir sehr weiterhalf, waren die Workshops und Seminare, in denen ich immer wieder wertvolle Hinweise bekam. Ganz wichtig war auch, mir meine Träume genau anzusehen, und vor allem, sie zu Zielen zu machen. Den Unterschied hatte ich lange nicht begriffen.

Ich habe mich entschieden und seit diesem Zeitpunkt ist es ganz einfach geworden, weil mir bewusst ist: Was immer ich auch tue – es hat Konsequenzen.

Frankreich ist kein schöner Traum mehr, ich weiß, dass ich es schaffen kann! Mein Haus hat dicke Mauern, es riecht nach Meer und Kräutern, der Kies im Park knirscht leise unter meinen Füßen, die alten Bäume wiegen sich sanft im Sommerwind und gleich gibt es jede Menge Stimmengewirr, Autotüren werden zugeschlagen, die Freunde kommen an, Kinderstimmen, Hundegebell, aus der Küche ein köstlicher Duft, wir werden viel Spaß miteinander haben, lachen, arbeiten, essen, in Mondnächten einfach dasitzen und sein.

Egal wie lange es dauert: Ich bin endlich angekommen und voller Freude und Dankbarkeit, dass ich andere Menschen dabei unterstützen kann, ihren Weg zu finden und zu gehen, die wiederum andere Menschen befähigen. So bin ich dann nicht nur „Lehrerin für das Leben“ sondern auch „Professorin“ geworden, die andere „Lehrer“ ausbildet …

Angelika Kramb

Hatten die anderen doch Recht?

Das Unternehmen, bei dem ich beschäftigt war, musste Konkurs anmelden. Neun Monate vorher hatte ich mich einvernehmlich von meiner Frau getrennt, da unsere Lebensziele doch stark auseinander gingen. Sie wollte einen Mann, der morgens aus dem Haus geht und abends pünktlich nach Hause kommt, ein „normales" Leben führt und mit dem zufrieden war, was zur Verfügung steht. Das war gar nichts für mich: Ich hatte Wünsche und Träume und das unbedingte Gefühl, „es" versuchen zu müssen. Nun saß ich mit nichts da, musste aber meine Exfrau und drei Kinder versorgen. Aber wie jetzt?!?

Der Traum vom großen Network, passivem Einkommen, Reisen und Wohlstand hatte sich in Nichts aufgelöst. Einige Zeit vorher hatte ich meinen Hauptberuf aufgegeben und wusste nicht mehr, wie es weitergehen sollte.

Nun kamen natürlich alle Bekannten und Verwandten: „Ich habe es dir doch gleich gesagt …", „Das passiert, wenn man seinen Träumen nachhängt …", „Dieses Schneeballsystem kann ja auch nicht funktionieren …", „Nun siehst du, was du davon hast …", „Bäcker bleib bei deinen Brötchen." Nur einige wenige haben sich dann wirklich mit mir auseinander gesetzt und gefragt, was denn los sei. Aber was sollte ich denen sagen: Dass ich lieber das Risiko eingehen wollte, für meine Träume alles zu tun als die ganze Zeit dahinzuvegetieren? Dass es nun mal das Risiko eines Selbstständigen ist, auch einmal eine falsche Entscheidung getroffen zu haben? Dass es auch meine Schuld war, da auch ich mich vom Schein habe trügen lassen, und ich das nächste Mal schlauer bin und genauer hinschaue? Dass man ein Unternehmen, welches falsche Entscheidungen getroffen hat, nicht mit der gesamten Branche in einen Topf werfen kann? Wenn ein Autohersteller Pleite macht, dann schreien auch nicht alle, die bei Fiat oder Daimler arbeiten, dass ihre Branche unseriös ist. Nein, dass wusste ich alles – aber was sollte ich konkret tun?!?

Einige Zeit später kam mir ein Flyer eines Seminares in die Hände – und der Inhalt hörte sich wirklich gut an. Aber wie sollte ich mir das leisten?

Ich hatte wirklich andere Sorgen, als mich zu einem 5-Tages-Training anzumelden – aber irgendwie zog es mich dahin. Ich wollte einfach Abstand zu der Situation haben und mir über meinen weiteren Lebensweg im Klaren sein. Wie sollte es weitergehen? Sollte ich nochmals von Neuem starten? Wenn ja – wo? Wie sollte ich die Zwischenzeit überbrücken? Sollte ich wieder eine normale Arbeitsstelle annehmen? Lange habe ich über diese Fragen nachgedacht, bin aber zu keiner Lösung gekommen.

Kurzerhand entschloss ich mich also, zu diesem Seminar zu gehen – und es kostete einen Großteil meines restlichen Geldes. Logisch war das sicher nicht … Dann saß ich also bei dem Training in einer Gruppe von 15 Leuten und wir haben über Themen wie Integrität und Lebensvision gesprochen.

Jeder sollte sagen, was er in seinem Leben erreichen wolle und was ihm wirklich Spaß macht. Was mir Spaß macht? Die hatten eine Ahnung – ich MUSSTE Geld verdienen, um meine Familie zu ernähren. Spaß spielte da erst einmal keine Rolle.

Gleich am Anfang kam eine Frau – ihr Name war Annette – an die Reihe, die mir sehr nett vorkam, aber mit der ich noch kein Wort geredet hatte. Sie sagte dann vor der Gruppe, dass sie nicht mehr weiter in ihrem Beruf arbeiten wolle, sondern sich sehr für Arbeit mit Kindern interessiere, da sie selbst zwei Kinder habe und das System als allein erziehende Mutter nun in den letzten Jahren kennen gelernt hat. Kinder würden gerade in der Schule nicht typengerecht behandelt, sondern alles ginge nach Schema F. Das alles habe ich sehr gut verstanden und konnte ihre Beweggründe absolut nachvollziehen – ich hatte mir selbst schon viele Gedanken dazu gemacht.

Dann sagte sie weiter, dass sie zwar in einer Beziehung lebt – aber ihr alles so schal vorkam; auch das kannte ich! Was soll ich sagen: Ich habe mit ihr ein paarmal in den Pausen gesprochen und sie war WIRKLICH eine tolle Frau. Das Letzte, was ich aber brauchte, war eine Frau mit zwei Kindern, die in einer unglücklichen Beziehung war – das sagte zumindest mein Verstand.

Die nächsten Tage sind wir uns ein wenig näher gekommen, wir haben uns beide unsere Gedanken und Sorgen erzählt und ich war froh, endlich jemanden gefunden zu haben, der mir zuhörte und mich auch verstand.

War das toll – eine Frau, die verstand, dass ich auch mal ein Risiko einging, um meine Wünsche zu erfüllen, statt auf alles zu schimpfen. Im Gegenteil – sie ermutigte mich: „Mach weiter – das kriegst du schon hin! … Deine Kinder merken, ob du dich glücklich fühlst … Gehe deinen Weg … Ich verstehe das zwar mit dem Network nicht, aber wenn du so dahinter stehst, dann solltest du es in jedem Fall tun …" – das war Balsam für meine Seele.

Ich suchte ihre Nähe – aber da waren auch noch ein paar andere, die ihr wohl schöne Augen gemacht haben. Ich wollte auf gar keinen Fall aufdringlich wirken, obwohl ich immer mehr gemerkt habe, dass da mehr ist als oberflächliches Interesse. Aber eine Frau in einer Beziehung mit zwei Kindern …

Der Abschied fiel schwer! Wir haben uns umarmt und ich sagte ihr, dass ich mich melde, wenn ich in ihrer Nähe bin – da lagen ca. 400 km zwischen uns.

Zu Hause angekommen habe ich aufgeräumt, mit meiner „Ex" und den Kindern gesprochen und „reinen Tisch" gemacht. Der Entschluss stand fest: Ich probiere es noch einmal! Nun fing also die Suche an und innerhalb kurzer Zeit hatte ich ein Unternehmen gefunden, das zu mir passte. Ich schaute genau hin, prüfte den Marketingplan und die Seriosität des Unternehmens (denn die einmal gemachte Erfahrung reichte mir), fragte mich, ob nicht nur ich die Produkte gut fand – und fing an!

Aller Anfang ist schwer und einige aus meinem Bekanntenkreis fragten mich, ob ich denn immer noch nicht schlau geworden wäre. Ich schenkte dem kaum Beachtung, sondern konzentrierte mich auf meinen Erfolg – und das fiel mir manchmal wirklich schwer.

Oftmals dachte ich an die Tage während des Seminars zurück und zweifelte, ob es der richtige Schritt war. Aber ich machte weiter.

Eines Tages dann hatte ich einen Termin in der Nähe des Wohnortes von Annette. Nach kurzem Zögern rief ich an und sofort war der Draht wieder da. „Schön, dass du anrufst ... Wie geht es dir? ... Komm doch vorbei, wenn du morgens einen Termin hast, komme doch am Abend vorher ...“

Und dann saß ich zwei Tage später da: Als Empfangskomitee waren einige Freundinnen anwesend, die sich dann in kurzer Zeit verabschiedeten. Seltsam diese Frauen ...

Der Abend war toll – wir unterhielten uns und kurze Zeit später saß sie bei mir auf dem Schoss und wir küssten uns; das war schon verrückt! Dann kamen sofort meine Bedenken: eine Frau mit zwei Kindern in einer Beziehung ... Darauf angesprochen sagte Annette, dass ich ja wüsste, dass es nichts „Ernstes“ sei und ich erwiderte, dass ich mich auf nichts einlasse, was nicht geklärt ist. Im Nachhinein sagte sie mir, dass ihr das imponiert hat.

Nun, was soll ich jetzt sagen: Innerhalb von zwei Tagen war ihre Situation bereinigt, wir trafen uns quasi auf meiner Rückreise und seit dem Zeitpunkt sind wir ein glückliches Paar – das ist nun auch schon fünf Jahre her. Ich pendelte dann immer, wir heirateten zwei Jahre nach unserem ersten Treffen und unsere Kinder wohnen glücklich zusammen.

Meine Frau macht zwar immer noch kein Network, unterstützt mich aber voll – sie findet es toll, wie ich mich für uns und das Wohl anderer in unserem Team einsetze. Wir genießen das Leben und der Kontakt zu meiner „Ex“ ist auch gut. Dadurch, dass mir meine Frau den Rücken freigehalten hat, konnte ich mich mehr auf meine Arbeit konzentrieren. Seit mehr als zwei Jahren hat sie nun ihren ehemaligen Hauptberuf aufgegeben, da ich genug Geld verdiene. Sie möchte nun eine alternative Schulform ins Leben rufen und ist Feuer und Flamme.

Ist das Leben nicht toll?!

Albert Schönmehl

Glücklich ist, wer selbst über sein Leben entscheiden kann

Mein Name ist Ehrenfried Conta Gromberg. Ich stamme aus einer Pastorenfamilie. Meine gesamte Schulzeit bis zum Abitur war ich kirchlich stark engagiert, absolvierte auch meinen Zivildienst in einer kirchlichen Einrichtung und bereitete mich dann im Theologiestudium auf meinen eigenen Pastorendienst vor. Die Arbeit mit Menschen war mein Ziel.

Neben dieser kirchlichen Orientierung zeichnete ich als Jugendlicher sehr viel und übernahm bereits mit 15 Jahren für Werbeagenturen Illustrationsaufträge. Diese gestalterische Begabung stellte ich zugunsten der kirchlichen Laufbahn zurück und erlaubte mir nur ein kurzes Gastsemester Kommunikationsdesign in Essen.

Während meines Theologiestudiums in Hamburg lernte ich meine Frau, Brigitte, kennen. Zum Ende des Studiums wurde mir immer bewusster, dass ich nicht hinter allen Aussagen der Kirche stehe und auf der Kanzel nicht alles sagen konnte, was ich wirklich meine. Von daher verschob ich den Schwerpunkt meiner Arbeit. Zunehmend übernahm ich Verantwortung in der Öffentlichkeitsarbeit für kirchliche und soziale Projekte. Die gestalterische Arbeit wurde wieder intensiver, soziales Marketing wurde Stück für Stück mein neues Spezialgebiet. Das Theologiestudium schloss ich ab, ging aber nicht ins Vikariat.

1994 gründete ich eine der ersten Agenturen für Sozialmarketing in Deutschland. Heute gibt es viele dieser Agenturen. Damals vor zwölf Jahren noch nicht. Meine Frau war parallel mit ihrem Studium als Diplom-Umweltingenieurin fertig. Sie begann in der Umweltbehörde Hamburg und leitete dort später das radiochemische Labor. Parallel erwarb sie den Kommunikationswirt, um in der Agentur mitzuarbeiten.

Zunächst arbeitete ich klassisch mit einzelnen Kunden – überwiegend aus dem kirchlichen und sozialen Bereich. Die Bedeutung des Internets im Marketing begann parallel zu wachsen. Hamburg wurde die Hochburg der New Economy und man konnte 1999 als Agenturmensch quasi keinen Schritt mehr tun, ohne über das Internet zu stolpern. In dieser euphorischen Stimmung machte ich einen Fehler, den damals viele begingen. Ich gründete meinen eigenen Internet-Start-up.

Es war die Zeit der frisch aufkommenden Internetauktionshäuser, eBay war damals noch ein Geheimtipp. Mich ließ der Gedanke nicht in Ruhe, dass die Dynamik im Internet auch im sozialen Bereich neue Türen öffnen würde. Anfang 2000 gründete ich das erste Charity-Auktionshaus in Deutschland www.sosocial.de. In einem extrem arbeitsreichen Jahr programmierten wir ein voll funktionsfähiges Auktionshaus für gemeinnützige Organisationen, warben erste Gelder ein, gewannen erste Kunden und arbeiteten am Schluss mit bis zu zehn Mitarbeitern an dem Projekt. Wir liefen mit unserem Start genau in den Zusammenbruch der New Economy Ende des Jahres 2000 hinein. Wie alle Start-up-Kapitäne hatten wir uns zu hohe (oder zu schnelle) Ziele gesetzt. Als sich dann auf einen Schlag alle Investoren zurückzogen, konnten wir die Ziele nicht mehr erreichen. Dies war neben dem Scheitern von hunderten anderer deutscher Internetfirmen auch das Ende von sosocial.de.

Zwei Lehren zogen meine Frau und ich aus diesem gescheiterten Projekt: Wir wollten nicht mehr mit Angestellten arbeiten. Wir würden nur noch in Dinge investieren, die sich langsam und organisch aufbauen lassen.

Wir arbeiteten weiter klassisch in unserer Agentur. Auch übernahmen wir die Geschäftsführung eines weiteren New-Economy-Start-ups für eine der letzten großen New-Media-Holdings in Hamburg. Meine Frau war inzwischen Vollzeit in unsere Agentur eingestiegen. Unternehmerisch waren wir aber noch nicht zufrieden. Es fehlte uns neben der Projektarbeit noch ein dynamischer, stärker selbstbestimmter Bereich.

Dies war die Situation, als meine Frau und ich durch einen Zufall in Kontakt mit Network-Marketing kamen. Ich verwählte mich am Telefon. Am besagten Tag hielt ich eine alte Projektliste in der Hand und wollte jemanden anrufen. Ich las die falsche Telefonnummer und rief einen anderen Projektteilnehmer an. Harald N., ein alter Studienkollege von mir, nahm ab und meldete sich mit Namen. Ich sagte zu ihm: „Harald, schön dich zu hören, aber dich wollte ich gar nicht anrufen." Harald erwiderte: „Ehrenfried, es ist schön, nach langer Zeit wieder von dir zu hören. Und es ist wirklich witzig, an dich hätte ich überhaupt nicht gedacht. Aber ich habe hier eine Sache auf dem Tisch liegen, die könnte zu dir passen."

Harald kannte Network-Marketing schon etwas, war selbst aber nicht aktiv und überlegte, ob er damit anfangen sollte oder nicht. Wir hatten uns lange nicht mehr gesehen. So kam eines zum anderen. Meine Frau und ich trafen uns mit Harald, wir sprachen über die Möglichkeiten im Network-Marketing. Damit begann unsere aktive Auseinandersetzung mit MLM und Network-Marketing. Wir besuchten gemeinsam mit Harald verschiedene Firmenpräsentationen, lasen Bücher und schauten uns insgesamt um.

Ich war von Anfang an vom Konzept des Network-Marketings fasziniert. Die Kombination aus persönlicher Freiheit – jeder arbeitet für sich – und dem Aufbau eines Teams, also die Zusammenarbeit mit Menschen, sprach mich an. Von Anfang an hatte ich das Gefühl, dass mit meinem Hintergrund als Coach Network-Marketing zu mir passen würde. Auch die Aussicht auf ein stabiles und wachsendes Einkommen reizte uns. Als wir dann noch auf eine Firma trafen, deren Produkte eine sehr hohe Qualität hatten und umweltgerecht waren, wurde die Sache langsam rund.

Meine Frau und ich entschieden uns, 2002 gemeinsam im Network zu starten. Innerhalb von drei Jahren bauten wir für eine amerikanische, international tätige Network-Firma ein Team mit über 1.000 Partnern auf. Inzwischen arbeiten wir die Hälfte unserer Zeit im Network-Marketing und die andere Hälfte in unserer eigenen Agentur.

Zu kämpfen hatte ich mit der Frage der Ethik. Network-Marketing hat viele Gesichter. Eine Reihe davon ist skurril bis obskur.

Es brauchte eine Zeit, bis ich mich innerlich freischwamm und das schlechte Gebaren einiger Vertreter nicht auf die gesamte MLM-Branche bezog.

Heute stehe ich klar dazu: Ich bin neben der Arbeit in meiner Agentur für Sozialmarketing auch professionell im Network-Marketing tätig. Wir pflegen in unserem Team einen eindeutigen und ethischen Stil. Dazu gehört eine saubere Informationspolitik. Ich kann es zum Beispiel nicht leiden, wenn in anderen Teams bei der Werbung von neuen Partnern so getan wird, als wenn im Network die Bäume von alleine in den Himmel wachsen. Man kann im Network-Marketing Geld verdienen – sogar gutes Geld. Aber nur nach harter Arbeit, wie in jeder anderen Branche auch. Wahrheit heißt hier für mich, nicht die hohen Schecks von Spitzenverdienern zu zeigen, sondern neue Interessenten nach ihren eigenen Möglichkeiten zu beraten und zu coachen.

Da ich die normale Selbstständigkeit seit über zehn Jahren kenne, kann ich Network-Marketing und Selbstständigkeit vergleichen. Folgende Punkte sprechen in meinen Augen für Network-Marketing: Selbstständige Arbeit hat immer eine Risikoseite. Für jeden Fehler zahlt man sofort mit seinem eigenen Geld. Es ist angenehm, wenn eine Geschäftsidee nicht sofort Kapital verlangt. Im Network-Marketing entwickelt die Network-Firma das Geschäftskonzept. Diese Gelder muss ich nicht selbst investieren. Somit liegt dieses Risiko nicht bei mir, sondern bei der Network-Firma.

Als Selbstständiger verdient man nur Geld, wenn man direkt im Projekt arbeitet. Geht man in Urlaub, fällt das Einkommen sofort aus. Nicht nur für die Zeit, in der man nicht am Schreibtisch ist, sondern häufig auch für die ersten Wochen danach, bis die ersten Projekte wieder erfolgreich abgeschlossen wurden. Die Versuchung wächst deswegen, keinen Urlaub zu machen. Network-Marketing schafft ein Einkommen, das auch noch dann weiterläuft, wenn man selbst im Urlaub ist. Network-Marketing hat dazu geführt, dass wir uns mehr Urlaub als vorher gönnen und wieder besser entspannen.

Meine Frau und ich arbeiten gerne mit Menschen, wollten aber keine Angestellten mehr. Im Network-Marketing ist jeder für sich selbst verantwortlich. Trotzdem arbeitet man im Team. Wir haben jetzt mehr freie Partner im Network, als wir je angestellte Mitarbeiter hatten. Wir tragen nicht das Risiko eines Arbeitgebers, haben alle Freiheiten behalten und stehen doch mitten in einem Netzwerk. Das ist sehr attraktiv. Meine Frau und ich denken unternehmerisch. Es ist immer gut, Abhängigkeiten von wenigen Auftraggebern oder einer einzigen Einkommensart zu meiden. Network-Marketing war für uns die Möglichkeit, das Risiko der eigenen Selbstständigkeit zu minimieren. Unsere eigene Agentur und Network-Marketing sind eine starke Kombination, die sehr risikosicher ist. In unseren Augen ist es gut, mehrere Eisen im Feuer zu haben.

Zuletzt steht für mich noch ein privater Grund. Ich selbst habe keine Absicherung im Falle einer Berufsunfähigkeit. Zum einen bin ich selbstständig und zum anderen leide ich an einer chronischen Rückenkrankheit. Beides zusammen führt dazu, dass es für mich keinen Versicherer mit akzeptablen Konditionen gibt. Mir war es wichtig, neben meiner Agentur noch eine Sache aufzubauen, die dann für meine Frau erhalten bleibt, wenn ich einmal gesundheitlich nicht mehr kann oder einen Unfall habe. Network-Marketing bietet dies. Meine Frau kann alleine weitermachen.

Glücklich ist, wer selbst über sein Leben entscheiden kann. Dazu hat unser Engagement im Network-Marketing auf jeden Fall beigetragen. In der Projektarbeit steuert der Kunde. Seine Wünsche bestimmen das Setting. Im Network-Marketing bin ich selbst aktiv. Ich kann bestimmen, was ich wann tue. Auch arbeite ich interessanterweise im Network-Marketing intensiver mit Menschen als in der Agenturarbeit im Sozialmarketing. Und bin damit dem Ausgangspunkt meiner Reise näher gekommen.

Unter dem Strich steht für uns:

- Mehr Kontakte mit anderen Menschen – ohne von ihnen abhängig zu sein
- Mehr Selbstbestimmung im Leben, mehr Urlaub, mehr Sicherheit
- Weniger Risiko durch mehrere parallele Einkommensarten

Neben den neuen Beziehungen zu vielen Menschen sind die schönsten Nebeneffekte des Network-Marketings für meine Frau und mich die internationalen Reisen. Unsere Network-Firma schickte uns als Auszeichnung und zum internationalen Austausch in den letzten zwölf Monaten nach Dubai, Japan, USA und Paris. Alles Reisen, die wir so nicht alleine unternommen hätten. Von daher ist für uns die Rechnung aufgegangen. Unser Einstieg ins Network-Marketing hat sich gelohnt.

Ehrenfried Conta Gromberg

Alles nett und schön ...

Es gab für mich keinen Grund, mich zu beschweren, obwohl die geschäftlichen Zeiten (ich arbeite als kfm. Geschäftsführer eines Dachdeckerunternehmens) früher sicher besser waren.

Jedenfalls merkte ich, dass alles Erreichte doch so wenig bedeutete.

Was konnte ich tun, wie sollte es weiter gehen???

Ich hatte alles, was zum vermeintlichen Glücklichsein gehört, bzw. das erreicht, was für viele Menschen die größten Ziele sind – eine liebe Frau, finanzielle Unabhängigkeit, viel Freizeit, Haus in Marbella, Golf spielen – alles nett und schön …

Aber das ist nicht alles im Leben!!!

Hinzu kam, dass sich die Gemeinsamkeit mit meiner Frau immer mehr verlor. Irgendwann schlug der große Blitz ein – ich hatte mich total in eine andere Frau verliebt. Und mit verliebt meine ich WIRKLICH verliebt und nicht die üblichen Gefühlsschwankungen eines sich im zweiten Frühling befindenden Mannes.

Nun begann ein Doppelleben, das mich gefühlsmäßig zwischen Himmel und Hölle schweben ließ. Auf der einen Seite meine Frau, mit der ich so viel Freude und Leid in der Vergangenheit geteilt hatte – auf der anderen Seite etwas, was ich so noch nicht erlebt hatte.

Meine seelische Not wurde immer größer, bis ich es nicht mehr aushalten konnte und ich mich für die große Liebe entschieden habe.

Nur für die Liebe und gegen alle Konventionen – alle anderen Glücksbringer? Alles war egal, so wollte ich nicht mehr weiterleben, denn das hatte keine(r) verdient.

Es begann die Zeit der herrlichsten Glücksgefühle und der tiefsten Verzweiflung. War das nun alles richtig? Angst, Ablehnung ...

Teile der Familie und einige Freunde haben die Trennung nicht akzeptiert und bringen dieses bis heute zum Ausdruck. Natürlich ist es schwer, wenn man erkennen muss, dass vieles von dem, was man in der Vergangenheit aufgebaut hat – und hier spreche ich nicht von materiellen Werten – verloren geht. Das Wort „Freund" definiere ich heute sicher anders als noch vor einigen Jahren – und ich habe in dieser Zeit auch gelernt, die Menschen in ihren Beschränkungen und Vorurteilen so anzunehmen, wie sie sind.

Was ich sicher nicht brauchte, war ein Nebeneinkommen. Natürlich ist es immer gut, wenn man ein zweites Standbein hat – wer soll das besser wissen als ein Selbstständiger? Aber ich brauchte es nicht – mir ging es wie gesagt finanziell gut. Durch einen Bekannten habe ich aber kurze Zeit vorher eine Gruppe von positiven Menschen kennen gelernt, die ich nett fand, die in diesen von einem Großteil unserer Bevölkerung doch scheinbar als so schlecht empfundenen Zeiten Aufbruchsgeist hatten. Die Idee war klasse und ich hatte nichts zu verlieren – warum also kein Network?

Kurz nach der Trennung kam ich durch eben dieses Network zu einem Seminar mit dem Namen „Sprechertraining". Und dies war für mich der absolute Wendepunkt in meinem Leben! Ich habe hieraus so viel Kraft und Stärke mitgenommen!!!!

Alle negativen Gedanken („Das macht man nicht ... Was wohl die Leute sagen ...?" etc.) fielen von mir ab wie eine zentnerschwere Last! Es war so, als ob ich lange Zeit durch einen Tunnel gelaufen war und plötzlich das Licht sah. Ich hatte plötzlich die Kraft, für alles, was ich tat, einzustehen und mich über die Moralvorstellungen anderer, die sich oftmals nur selbst belügen und nicht ehrlich zu sich selbst sind, hinwegzusetzen. Soviel Klar- und Wahrheit – einfach herrlich. Vor allem aber fand ich auch eine Möglichkeit, mich ALLEN Parteien – also auch meiner ehemaligen Frau – gegenüber fair und anständig zu verhalten; das war und ist mir sehr wichtig! Es geht und ging ja nicht darum, GEGEN etwas zu sein, sondern mit ganzem Herzen FÜR das zu sein, was man will – und dafür natürlich auch alle Konsequenzen zu tragen. Aber das muss man ja immer – Konsequenzen tragen ...

Seit dieser Zeit ist ein halbes Jahr vergangen – das Verhältnis zu meiner Frau normalisiert sich und die Emotionen sind nicht mehr so stark. Wir können uns wieder in die Augen schauen, obwohl es manchmal natürlich schwer fällt.

Ich konnte noch ein zweites Seminar besuchen, welches auf dem ersten aufbaute. Hier erlebte ich dadurch, dass ich wirklich „Loslassen" gelernt habe, solche Glücksgefühle, die ich jedem nur wünschen möchte. Alles entsteht aus mir selbst und dieses Wissen hilft ganz oft!

Ich bin auf einem guten Weg, ich bin frei, total bewusst und voller Liebe: Und das ist es, was im Leben wirklich zählt.

Meine Gefühle aus diesem Seminar sind so tief verankert und ich kann sie immer wieder aufleben lassen.

Die Vision, dieses Glück auf viele Menschen zu übertragen, ist durch Network möglich – mit allem, was dazu noch gehört. Deshalb fangen sicher nicht viele Menschen im Network an – aber es ist das, was es mir gebracht hat und was ich unter anderem daraus gezogen habe. In meiner „normalen Selbstständigkeit" wäre mir das so sicher nicht passiert ...

Ich lebe mit allen Sinnen, voll Bewusstsein und Liebe, ich freue mich auf jeden Tag!

Mein Leben ist so spannend und wunderbar geworden und dafür bin ich unendlich dankbar – es macht so glücklich, jeden Tag etwas mehr zu wachsen!

Alles Gute für euch alle

Ulrich Hahn

Mit den richtigen Menschen geht alles

„Ich habe noch keinen negativen Menschen getroffen, der Musik macht. Deshalb will ich Sie bei uns haben ..." Dieser Ausspruch meiner heutigen Chefin hat mich dazu veranlasst, einen Job als Projektleiter bei einer gemeinnützigen Arbeitsvermittlung anzufangen.

Warum beginne ich mit diesen beiden Sätzen meine Geschichte? Und was hat das mit Network- bzw. Empfehlungsmarketing zu tun?
Nun, dann erzähle ich doch einfach mal ganz von vorn:

Ich gehöre zu den Menschen, die dem „klassischen Ausbildungsweg" gefolgt sind, wenn ich auch rückblickend schon immer ein wenig unkonventioneller war. Für das Abitur war ich damals zu bequem, außerdem fing ich gerade mit meinem besten Freund an, unsere erste Band zu gründen, und das war natürlich wichtiger ... Ich hatte allerdings nicht mit meiner Mutter gerechnet, die mich einfach bei der Höheren Handelsschule anmeldete, damit ich „eine gute Grundlage für einen kaufmännischen Beruf bekomme", von dem ich noch gar nicht wusste, dass ich ihn erlernen wollte. Ehrlich gesagt, wusste ich überhaupt nicht, was ich mal werden will.

Verstehen Sie es bitte nicht falsch: Ich liebe meine Mutter und sie hat es gut gemeint.

Also habe ich die Handelsschule besucht, danach eine Ausbildung als Großhandelskaufmann bei „Fielmann“ absolviert und diese dann als erster Auszubildender sogar noch verkürzt. Die Karriere konnte losgehen!!! Denkste ... Ich bin in eine Abteilung übernommen worden, die sich „Disposition“ nannte. Hier hatte ich dann die ehrenvolle Aufgabe, alle möglichen Brillen zu kopieren und die Kopien in Ordner abzulegen. Das hatte ich mir anders vorgestellt. Für meinen Chef war ich – gerade als ehemaliger Azubi – irgendwie unsichtbar und unser Verhältnis war nicht so richtig toll.

„Ein Studium! Das ist es! Dann bekommst du jeden Job, den du willst!“, dachte ich damals ... Also bewarb ich mich um einen Studienplatz für Betriebswirtschaft und bekam auch einen. Im dritten Semester erhielt ich aus heiterem Himmel das Angebot, für sechs Monate bei einer großen Firma in der Musikbranche als Außendienstler einzusteigen. Ich hatte zwar keine Ahnung, was ich da machen sollte, aber es war mir völlig egal. Die Musikbranche!

Für mich als Musiker die Erfüllung eines Traumes. Tolle, positive Menschen, die sich für Musik interessieren und gemeinsam dafür sorgen, unsere Mitmenschen über fantastische Bands und die Fülle verschiedenster Musikrichtungen zu informieren! Ich hatte alles: ein gutes Gehalt, einen Firmenwagen, Spesen und kostenlose LPs bzw. CDs, soviel ich wollte. Ich musste nicht einmal „verkaufen“, denn die Musikbranche boomte wie verrückt, und so konnte ich mich meiner Leidenschaft – der Kundenbetreuung – widmen und gute Beziehungen knüpfen.

Ich hatte es geschafft.

In meiner Freizeit kümmerte ich mich um eine weitere Leidenschaft von mir: Fußball. Ein Teamspieler war ich schon immer. Dies war wohl auch ein Grund, weshalb mir der einsame Außendienst immer mehr zusetzte. 1994 übernahm ich als Spielertrainer eine Herren-Mannschaft, die durch ihren unglaublichen Teamgeist innerhalb der nächsten fünf Jahre u. a. dreimal hintereinander Hamburger Meister und zur erfolgreichsten Mannschaft unseres Vereins wurde. Hier habe ich eine meiner wertvollsten Erfahrungen machen dürfen: Mit den richtigen Menschen kannst du gemeinsam (fast) alles erreichen!

In meinem „Beruf“ wurden aus ursprünglich sechs Monaten mittlerweile vier Jahre und ich erkannte immer mehr, dass es in dieser Branche nicht um die Musik – geschweige denn um die Künstler – geht, sondern einzig und allein der Umsatz im Vordergrund steht. Bands, die gute Stückzahlen verkauften, wurden rausgeworfen, weil die Zahlen nicht die des Vorgänger-Albums übertrafen. Kollegen wurden gekündigt, weil sie einen falschen Satz über einen Künstler gesagt haben. Kunden wurden mit Ware „zugedrückt“, nur damit offiziell eine „Goldene“ verliehen werden konnte.

Dass die Ware hinterher wieder zurückgeschickt wurde, interessierte dann niemanden mehr ... Nach sechs Jahren hatte ich genug. Ich kündigte. Ich wollte nicht mehr ferngesteuert wie ein Roboter ein „Zahlen-Erfüller“ sein. Ich hatte meine Entscheidung getroffen, konsequent durchgezogen und fühlte, dass es richtig war. Es gab nur einen Haken: Ich hatte keinen neuen Job ...

Daraufhin informierte ich mich über sämtliche mir damals bekannten Möglichkeiten, mich selbstständig zu machen. Aber egal, ob klassische Selbstständigkeit, Franchising oder auch der damals noch (für mich) undurchsichtige Direktvertrieb, nichts fühlte sich für mich richtig an. Der Druck meines Umfeldes wuchs schleichend.

Wohlgemeinte Ratschläge wie „Nimm' deine Ohrringe raus, kämm' dir die Haare vernünftig und sieh' zu, dass du wieder einen sicheren(!) Job bekommst", stießen bei mir auf taube Ohren. Die sollten mich nehmen, wie ich bin. Kompromisse gehe ich gern ein, aber dann freiwillig. Ansonsten würde das Wort „Kompromiss" seine Bedeutung verlieren.

„Alter Dickkopf!", dachte ich bei mir. Also doch wieder zurück in die Musikbranche, aber diesmal zu einer kleineren Firma. Leider stellte sich diese als völlig unseriös heraus und unsere Zusammenarbeit war nach sechs Monaten beendet. Dann bekam ich einen Anruf einer mittelständischen Plattenfirma, da mich meine ehemaligen Kunden dort empfohlen hatten. Obwohl ich in dieser Branche nicht mehr arbeiten wollte, blieb mir keine andere Wahl, denn woanders bekam ich keine Chance. Und hier wurde mir dann noch einmal richtig gezeigt, dass ich in der Musikbranche nichts zu suchen habe: Wir wurden teilweise regelrecht „gemobbt", weil wir die (utopischen) Vorgaben nicht erfüllten. Dazu diese Oberflächlichkeit und Selbstbeweihräucherung. Trotzdem blieb ich fast vier Jahre, bevor ich ging. Um mich endgültig „abzunabeln", fing ich bei einer Druckerei als Kundenbetreuer an, was sich aber als erfolgloses „Klinkenputzen" herausstellte und mir überhaupt nicht lag.

Und dann lernte ich das Empfehlungsmarketing kennen. Ohne dass mich jemand darauf angesprochen hat!

Meine damalige Freundin hat über das Internet Leute angeschrieben, um sich über die Möglichkeiten des Direktvertriebes zu informieren – ein einziger Mensch hat darauf geantwortet. Er war es dann auch, der mir die Augen dafür geöffnet hat, wie sich die Vertriebswege unterscheiden. Er wohnte zwar in Frankfurt, aber das wir mir völlig egal. Ich wollte ihn und seine Frau unbedingt kennenlernen, da ich nur Geschäfte mit Menschen mache, bei denen das gegenseitige Gefühl stimmt. Also setzte ich mich mit einem Freund zusammen ins Auto und fuhr nach Frankfurt.

Wir wurden herzlich empfangen, aßen zusammen und ich hatte von vornherein ein gutes und angenehmes Gefühl. Als mir der Vertriebsweg „Empfehlungsmarketing" dann von den beiden erklärt wurde, machte es bei mir „Peng!" Passives Einkommen! Natürlich!

Ich hatte in den vergangenen zwölf Jahren über fünf Millionen CDs verkauft und mit meinen Kollegen für das passive Einkommen von Michael Jackson, Bruce Springsteen und vielen anderen Künstlern gesorgt! Mein eigenes Einkommen war dagegen begrenzt und obwohl ich inzwischen selber drei CDs mit verschiedenen Bands aufgenommen hatte, gab es trotz meiner Kontakte in die Branche nicht den Hauch einer Möglichkeit, hier erfolgreich zu werden. Und jetzt hatte ich plötzlich die Chance, selbst ein passives Einkommen aufzubauen und dadurch meine Zeit für mich zu haben! Fantastisch!

Ich bin sofort eingestiegen, um zu sehen, ob es wirklich funktioniert, und seitdem hat sich mein Leben komplett verändert. Ab diesem Zeitpunkt habe ich immer mein Ziel vor Augen und kann gut damit leben, nebenbei „Jobs“ zu machen, denn ich weiß, dass ich in zwei bis drei Jahren derjenige bin, der „den Stecker rauszieht“, ohne wieder in die Mühlen der Arbeitslosigkeit zu geraten.

Das Faszinierendste ist für mich allerdings Folgendes: Ich möchte zwar davon leben können, aber im Laufe der Zeit ist die persönliche Weiterentwicklung viel mehr in den Vordergrund getreten und für mich das Wichtigste überhaupt geworden.

Diese Branche ist komplett anders als alles, was ich bisher kennen gelernt habe.

Ich habe so viel Menschen mit völlig unterschiedlichem Hintergrund getroffen, die doch so viel gemein haben: Sie sind mit ihrer Situation unzufrieden und bereit, daran aktiv etwas zu ändern. Werte wie z. B. „Gemeinsamkeit“ „Ehrlichkeit“ und „Optimismus“ werden hier wirklich gelebt und ich kann Menschen dabei unterstützen, sich zu entwickeln und ihre persönlichen Ziele zu erreichen.

Natürlich gehören auch vermeintlich negative Erfahrungen dazu, wie z. B. der „Glasscheiben- Effekt“: Ich möchte mein Gegenüber über eine tolle Möglichkeit informieren und er kann mich zwar sehen, aber nicht hören. Das ist nun einmal so und ich habe gelernt, dass ich niemanden dazu überreden kann, sein/ihr Leben zu verbessern, wenn er oder sie es nicht von sich aus will.

Vor ein paar Wochen habe ich einen ehemaligen Kollegen aus der Musikbranche getroffen; er ist jetzt 42 Jahre alt und hat 18 Jahre dort gearbeitet. Dann wurde er „entsorgt“. Inzwischen hat er über 200 erfolglose Bewerbungen geschrieben und sein Selbstwertgefühl ist ziemlich im Keller. Genauso würde meine Situation heute aussehen, wenn ich nicht rechtzeitig über meine Zukunft nachgedacht hätte ...

Mittlerweile habe ich eine richtige Vision und möchte sie im Zusammenhang mit dem ersten Satz meiner Geschichte darstellen:

Ich träume von einem riesengroßen „Orchester“, in dem jede/-r Musiker/-in sein/ihr persönliches Instrument lernt und einen eigenen Ton findet. Und aus allen Tönen zusammen wird ein wunderschöner Song, den immer mehr Menschen, die dafür offen sind, in ihren Herzen hören können. Dieser Song erobert dann die „Charts“ dieser Welt ...

Ich habe noch keinen negativen Menschen getroffen, der sich für das Empfehlungsmarketing entschieden hat.

Herzlichst

Dirk Kludaß

Seite an Seite, Herz mit Herz

Ich bin 1962 geboren und die ersten fünf Jahre meines Lebens auf einem Bauernhof in der Nähe von Schwäbisch Gmünd aufgewachsen. Ich war das zweite Kind von fünf Geschwistern und es war bei uns immer eine Menge Trubel. Das hab ich sehr genossen. Denn ich liebe es, mit vielen Menschen zusammen zu sein!

Als ich fünf Jahre alt war, zog meine Familie nach Lorch ins Haus meiner Großmutter. Wir hatten einen traumhaften Garten und immer genügend Freunde um uns herum. Es war nie langweilig – außer während der Schulzeiten! Ich war mit meinen Schwestern und Freunden viel draußen, meistens im Wald. Wir hatten viel Spaß und viele Abendteuer zu bestehen. Schon damals war mir klar, dass ich ein freiheitsliebender Mensch bin und noch sehr viel erleben möchte. Meine Jugendträume waren Reisen nach Afrika und Australien, Reisen ans Meer ... Ich hätte so gerne Ski fahren gelernt, aber dafür reichte es nie! Wir waren nicht einmal im Urlaub und schon gar nicht am Meer!

Meine Eltern arbeiteten beide hart für unseren Lebensunterhalt. Meine Mutter hatte mehrere kleine Nebenjobs, um zum Haushaltsgeld für eine siebenköpfige Familie dazu zu verdienen. Es reichte trotzdem nie aus für meine vielen Wünsche! Meine Fragen, wieso wir uns das nicht leisten können, wurden fast immer damit beantwortet, dass ich nun mal noch vier

Geschwister habe. Ich kann mich erinnern, dass ich meine Mutter einmal fragte, wieso sie dann nicht weniger Kinder bekommen hat. Und sie entgegnete mir: „Auf wen würdest du denn verzichten?“ „Natürlich auf niemanden!“ Aber trotzdem beschäftigte mich dieser Zustand von klein auf!

Ich entschloss mich sehr früh, dass ich das einmal anders machen werde! Mir war sehr schnell klar, dass ich auf jeden Fall später viel mehr Geld verdienen musste, damit meine Familie und ich das erleben können, was mir als Kind nicht möglich war; und vor allem, damit ich meinen Kindern diese Zweifel, Fragen und Sorgen erspare! Der Blickwinkel veränderte sich von dem, was ich mir WÜNSCHTE und was ich auf jeden Fall WOLLTE, zu dem, was ich NICHT wollte! Auf gar keinen Fall!!

Nach Abschluss der Mittleren Reife lernte ich Erzieherin. Ich arbeitete im Kindergarten und machte mir nicht mehr so viele Gedanken, ob ich damit meine einstigen Wünsche und Vorstellungen erreichen könnte. Es hat mir sehr viel Spaß gemacht, mit Kindern zu arbeiten und mich für ihre Belange einzusetzen. Als Leiterin war ich (fast) meine eigene Chefin. Ich arbeitete eigenverantwortlich und mit großem Engagement.

Mein vorrangiges Ziel war zu diesem Zeitpunkt aber die Gründung einer eigenen Familie. Es war ja immer mein Wunsch, Kinder zu haben (am liebsten hätte ich gern drei oder vier gehabt).

Ich heiratete 1986 und hatte große Pläne für die gemeinsame Zukunft. Meine Kinder sollten es einmal sehr schön haben und so war es als „Schwäbin“ normal, auf ein eigenes schönes Haus im Grünen mit alten Bäumen und viel Platz für Freunde hinzuarbeiten. Meinen Wunsch, mehr im Leben zu erreichen, zu reisen, frei zu sein, auszuschlafen, wann ich will, viele Freunde auf der ganzen Welt zu haben, gab es natürlich immer noch. Es war mir klar, dass all das nur mit einem guten Einkommen möglich war! Zu der Zeit studierte mein Mann Informatik und ich unterstützte ihn in der Hoffnung auf genau dieses Leben. Ich baute auf die Arbeitskraft und den beruflichen Erfolg meines Mannes. Das bedeutete: Ich war für die Kinder zuständig und er sorgte für die finanzielle Seite. Mein Traum war ein Leben in finanzieller Unabhängigkeit. (Das Haus im Grünen haben wir leider nie geschafft! Das nehme ich jetzt selbst in Angriff.)

Mein Sohn Felix wurde im Januar 1991 geboren und von da an galt mein ganzes Interesse der Erziehung und dem Haushalt. Ich wurde eine sesshafte Hausfrau. Als dann meine Tochter Janika im Dezember 1992 geboren wurde, waren wir eine komplette vierköpfige deutsche Familie! Es hätte alles ganz gut sein können, doch das war leider nicht so! Mein Mann und ich verstanden uns nicht mehr und trotz vieler Versuche des Neubeginns und der Auseinandersetzung gab es letztlich leider nur noch einen Aus-Weg – die Scheidung!

Damit hatte ich überhaupt nicht gerechnet! Dieser Schritt entzog mir sozusagen den Boden unter den Füßen. All das, woran ich gearbeitet und mein ganzes Leben ausgerichtet hatte, war mit einem Schlag weg! Wissen Sie, wie es ist, wenn alle Lebensziele weggewischt sind – zerplatzt wie Seifenblasen? In den ersten Monaten wurde mir bewusst, dass ich in meinem Leben etwas ändern musste, denn ich war vollkommen mittellos mit meinen kleinen Kindern.

An der Schwelle zur Sozialhilfe schaffte ich es glücklicherweise in eine befristete Anstellung für ein Jahr als Erzieherin. Danach konnte ich eine dreijährige Umschulung zur Bürokauffrau machen! Endlich ein Beruf mit Aufstiegsmöglichkeiten! Es kam auch wieder ein Mann in mein Leben, der mich liebte, unterstützte und für meine Kinder da war.

Glücklicherweise – und das meine ich wirklich, sonst hätte ich mich vielleicht wieder abhängig gemacht – hatte auch er ziemliche Altlasten nach einer Scheidung zu bewältigen und verdiente nicht so viel, dass es für alle unsere Wünsche gereicht hätte. So war ich weiterhin auf dem Weg, mich völlig unabhängig zu machen.

Es lief wieder alles in normalen Bahnen. Ich „krempelte" die Ärmel hoch und legte mich ins Zeug. Ich büffelte regelrecht für einen guten Abschluss und entwickelte einen großen Ehrgeiz. Ich witterte wieder die Freiheit, nach der ich mich so sehr sehnte! Der erste Schritt war geschafft – nach anderthalb Jahren Ausbildung bekam ich eine super Praktikumsstelle in einer Computerfirma. Ich legte mich ins Zeug und arbeitete, was ich konnte. Die Firmenleitung richtete mir sogar einen Homeoffice-Zugang ein; das war eine feine Sache. Ich konnte einiges von zu Hause aus erledigen, meine Kinder selbst versorgen und einen großen Teil meiner Zeit wieder mit ihnen verbringen. Ich war mir absolut sicher, dass ich neben der Umschulung bereits einen ziemlich sicheren Arbeitsplatz an Land gezogen hatte. Ausbaufähig und mit Aufstiegsmöglichkeiten – genau das, was ich immer gesucht hatte!

Dann passierte es. Ich bekam eine neue Kollegin, mit der es nicht immer einfach war. Sie tat alles, um die

Beziehung der anderen Angestellten zu unserer Vorgesetzten zu schwächen. Ich merkte auch, dass ich einiges mehr konnte, als nur die Büroorganisation oder Buchhaltung für eine Firma zu machen.

In mir wuchs täglich der Wunsch, mein eigener Chef sein. Es gab keine Minute, in der ich an etwas anderes dachte. Jedem erzählte ich von meinem Vorhaben, mich selbstständig zu machen. Ein Freund von mir, Walter, kam immer mal wieder auf einen Kaffee bei uns vorbei. Er baute zu dieser Zeit bereits ein zweites Standbein (er ist selbstständiger Grafikdesigner) auf. Er hörte von meinem Ziel, mich selbstständig zu machen; aber was tat er? Anstatt sich für mich und mit mir zu freuen, warnte er mich! Seine Worte waren: „Mit zwei kleinen Kindern in die Selbstständigkeit ... dieses Risiko, kein Urlaub, du darfst nicht krank werden, deine Kinder dürfen nicht krank werden ... sobald du Ausfallzeiten hast, verdienst du nichts mehr ... usw. usf."

Er nahm mir so richtig den Wind aus den Segeln! Im ersten Moment war ich echt sauer auf ihn. „Traumdieb ..., Zielverhinderer! Ich dachte immer, du bist mein Freund!" Das waren so meine Gedanken. Aber er hatte ja Recht – dieser Preis war viel zu hoch!

Es kam, wie es kommen musste. Ich fand einfach keine entsprechenden Möglichkeiten. Als Mutter zweier kleiner Kinder hatte ich am deutschen Markt keinerlei Chance! Und immer wieder waren da Walters Worte: „Schau dir mal das Empfehlungsmarketing an, das ich als zweites Standbein aufbaue! Das wäre genau das Richtige für dich. Du machst sowieso den ganzen Tag Empfehlungen, ob es um einen Kinofilm, ein gutes Lokal, einen günstigen Klamottenladen oder was auch immer geht ... Und du magst Menschen und bist am liebsten mit deinen Freunden zusammen ... Frauen mit deinem Führungspotenzial können es hier sehr weit bringen!"

... Und damit hatte er mich!! Ja, das hat mir sehr geschmeichelt ...

Als sich dann nach Tagen des Ringens immer noch keine andere Möglichkeit aufgetan hatte, bat ich Walter, mir noch mal genauer zu erklären, wie das Ganze denn funktioniert. Ich realisierte plötzlich, dass ich keinerlei Risiko eingehe. Als mir das bewusst wurde, entschied ich mich völlig spontan – so richtig aus dem Bauch heraus – anzufangen! Denn was gab's zu verlieren? Der Einsatz, den ich finanziell bringen musste, diente gleichzeitig meiner Gesundheit, und verkaufen musste ich auch nichts! Was für ein Ding! Ich war total begeistert, weil ich fühlte, dass ich damit alle meine Wünsche und Ziele wieder greifbar und vor allem erreichbar machte!

Im Oktober 2000 ergriff ich dann in jeglicher Hinsicht die Chance meines Lebens! Ich startete im Empfehlungsmarketing und baute mir mit der Hilfe meines Sponsors (anfangs nebenberuflich) ein Einkommen auf. Bereits nach einem Jahr konnte ich meinen Job an den Nagel hängen und vorwiegend von zu Hause aus arbeiten! Ich hatte mein Ziel erreicht! Und voller Stolz erkannte ich, dass ich es aus eigener Kraft geschafft hatte! Das kann mir keiner mehr nehmen und ich weiß, dass ich es immer wieder könnte!!! Das ist wirkliche Unabhängigkeit und wirkliche Freiheit!

Heute lebe ich MIT und FÜR Menschen, die in ihrem Leben etwas verändern oder bewegen wollen, und arbeite mit ihnen an einer besseren Zukunft! Wir sind viel gemeinsam unterwegs und genießen es, miteinander zu wachsen, uns weiter zu entwickeln und viel Freizeitspaß zu haben.

Ein weiterer positiver Aspekt ist, dass ich von dem Unternehmen, mit dem ich zusammen arbeite, auch auf Reisen eingeladen werde – z. B. nach Amerika. Und ich brauche noch nicht einmal dafür zu bezahlen … Ich hab auch wieder viel Zeit für mich und verbringe einige Stunden davon im Wald! Das liebe ich!

Es ist nie zu spät, etwas Neues zu beginnen. Mein Leben hat sich dadurch in jeglicher Hinsicht verbessert! Mein Slogan für die Zukunft heißt: Seite an Seite, Herz mit Herz in die Freiheit! Es gibt so vieles zu tun, zu verbessern – und es gibt Möglichkeiten ohne Ende!

Ich bin sehr dankbar und glücklich, diesen Weg gemeinsam mit meinen Freunden zu gehen!

Uta West

Stürmische Zeiten

Mein Name ist Hans Rahe, ich bin Apotheker und Heilpraktiker. Ich habe in Deutschland 17 Jahre lang eine eigene Apotheke gehabt – anschließend sieben Jahre lang eine Naturheilpraxis. Durch Fastenkuren, die ich in meiner Praxis anbot, bin ich mit meiner Lieblingsinsel Mallorca in Kontakt gekommen.

Von 1997 an habe ich dort jeweils im Frühjahr und im Herbst für vier Wochen ein Haus angemietet, wo ich meine Fastenkuren für Menschen aus ganz Europa anbieten konnte. 1999 unterbreiteten mir die damaligen Hausbesitzer das Angebot, die Villa Ca'n Ferrer zu kaufen. Nach kurzer Überlegung und Klärung der Finanzierung siedelte ich im Jahr 2000 nach Mallorca aus. Praxis und Fastenkuren waren gut besucht. Für mich war das Paradies auf Erden gefunden.

Doch dann kam alles ganz anders: Der Herbst 2001 war vollkommen ausgebucht. Am 11.9.2001 dann der Anschlag in New York. Es war ein schrecklicher Tag, aber ich wusste noch nicht, dass mich das auch betreffen konnte. Zwei Tage später stand das Telefon nicht still. Keine Anmeldungen, sondern nur noch Absagen: Keiner wollte mehr fliegen. Das bedeutete für mich natürlich: keine Einnahmen.

Aber es kam noch schlimmer. Genau zwei Monate später wütete auf Mallorca ein so starker Orkan, wie es seit Menschengedenken noch keinen gegeben hatte. Das gesamte Grundstück und Teile des Hauses wurden total zerstört. Es sah aus wie nach einem Bombenangriff. Ich musste die Praxis schließen.

Zusammen mit meinem Schwager Ralf haben wir dann zwei Monate entrümpelt, bis große Teile neu aufgebaut werden konnten. Fazit: nur Ausgaben, aber wiederum keine Einnahmen. Aber das Dilemma war noch nicht vorbei. Am 1.1.2002 kam dann der ersehnte(!) Euro = Teuro. Verhaltene Anmeldungen für das Jahr 2002. Der Gedanke an das Paradies Mallorca war nun nicht mehr zu halten und mein Lebensstandard, den ich von Deutschland aus gewohnt war, drohte abzustürzen.

Dann die gute Nachricht: Durch einen deutschen Bekannten, der auch auf Mallorca lebte und später mein Sponsor wurde, lernte ich im Sommer 2002 auf der Insel eine erfolgreiche Frau kennen, die damals schon mehr Geld im Monat verdiente als ich im ganzen Jahr. Ich erkundigte mich sehr intensiv nach ihrem Erfolgskonzept.

Durch sie und meinen Sponsor habe ich dann den Weg gefunden, wie auch ich risikofrei so viel Geld verdienen kann, wie ich für meinen jetzigen Lebensstandard und meine spätere Rente brauche – und das ist nicht gerade wenig!

Mein neuer Beruf wurde: *das Empfehlungsmarketing.* Allein der Reiz, sich ein PASSIVES Einkommen aufzubauen, dessen Höhe einzig und allein von dem eigenen Engagement abhängt und das auch dann noch fließt, wenn man nicht mehr arbeitet (Rente), war für mich Motivation genug.

Klingt zu schön, um wahr zu sein, funktioniert aber ... Das habe ich festgestellt, nachdem ich es ausprobiert habe. Ich nutze also meine Zeit sinnvoll mit anderen Menschen, bin unabhängig und „arbeite" endlich wieder mit sehr viel Spaß.

Dieses passive Einkommen ermöglicht es mir jetzt, in Vorträgen, die ich sowohl in Deutschland als auch auf Mallorca halte, den Menschen die Wichtigkeit der Prävention auf dem Gesundheitssektor näher zu bringen, denn hier liegt einiges im Argen. Außerdem gebe ich ihnen viele wertvolle Tipps, genau wie ich ein Leben in finanzieller Unabhängigkeit führen zu können.

Meine Praxis auf Mallorca habe ich aufgegeben und das Haus werde ich verkaufen. Aber ich habe keinen Druck mehr – und das ist Gold wert. Alles, was ich tue, mache ich freiwillig und keine Bank sitzt mir mehr im Nacken. Vom höheren Freizeitwert ganz abgesehen haben sich viele Dinge positiv verändert – aber das kann wohl nur jemand verstehen, der nicht nur einen flüchtigen Blick auf diese Branche wirft. Verglichen mit meinem Studium war die „Lehrzeit" hier sehr kurz, obwohl ich noch immer dazu lerne – und das ist auch gut so.

Hans Rahe

Der Winterschlaf ist vorbei!

Ich habe als Schüler wohl das erlebt, was viele Menschen mit mir teilen. Meine Aufgabe war es, Fakten zu lernen, analysieren zu können und mathematisch zu überleben – aber auf das „professionelle" Leben hat mich keiner vorbereitet. Und so kam es, wie es kommen musste. Ich machte irgendeine Arbeit, gerade die, die mir vor die Flinte kam – völlig zufällig.

Nachdem ich eine Ausbildung bei der Justiz gemacht hatte (man ließ mich tausende von Adressen tippen, Schränke schleppen, Akten sortieren, danach fast zwei Jahre in Scheidungsverfahren Protokoll führen), dachte ich, dass es das doch nicht gewesen sein kann, denn nach kürzester Zeit war ich von dieser Arbeit völlig angeödet.

Eine Ausbildung zum Diplom-Verwaltungswirt brachte mich zur Wirtschaftsverwaltung der niedersächsischen Polizei. Für meinen Schulabschluss der Mittleren Reife war das ein guter Sprung, ich war ein angesehener Beamter im gehobenen Verwaltungsdienst, verdiente für damalige Verhältnisse gut und hatte auch was zu sagen. Aber auch hier war der Alltag nach kurzer Zeit langweilig und öde für mich, sodass ich zu zweifeln begann – vor allem an mir selbst. Ich dachte, ich kann das alles nicht, ständig mache ich Fehler, der Alltag ist so leer und Verwaltung ist irgendwie auch das Letzte!

Aus heutiger Sicht kann ich sagen, war ich nicht schlecht und konnte das alles auch und – da greife ich jetzt mal ein wenig vor – ich war einfach nur völlig unterfordert. Was dann auch dazu führte, dass mich die Arbeit immer weniger interessierte und ich auch mehr und mehr Fehler machte. Auch Verwaltung an sich ist nicht schlecht – sie wird nur von bürokratischen und unkreativen Menschen betrieben, wenn sie als schlecht wahrgenommen wird. Aber das alles ahnte ich nur durch einen Grauschleier hindurch, mein Leben war auf ein absolut tiefes Niveau gesunken. Meine schon beim Gericht begonnene Kompensation des Mangels durch das Trinken von Alkohol verschärfte sich und ich lotterte so vor mich hin und dachte einfach nur: Raus aus dem Käse hier.

Irgendwie hatte ich wohl schon eine Idee davon, unterfordert zu sein, und so beschloss ich, ein Studium zu beginnen. Ich schrieb mich für den Diplomstudiengang Sozialwissenschaften ein und legte los. 1980 war die Zeit, in der in Oldenburg noch stark die Studentenbewegung aufgearbeitet wurde und wirklich hochinteressante theoretische Konzepte und Visionen in den Köpfen bewegt wurden. Aber das, was ich beruflich wollte, war immer noch nicht klar. Und so sah auch mein Studium aus. Ich wollte den Abschluss, machte meine Prüfungen und Scheine, wurde immer klüger und ein ordentlich denkender Mensch, aber was ich mit meinem Wissen machen sollte, wusste ich immer noch nicht.

In meiner dann begonnenen Therapie – ich dachte immer noch, dass ich für diese Welt nicht wirklich geeignet bin – bekam ich erste Ideen, was für mich wichtig ist: mit Menschen zu arbeiten und auch persönlichen Kontakt zu haben, mein Organisationstalent und meine Fähigkeit zum systemischen Denken und Arbeiten zu nutzen, viel Geld zu verdienen, jetzt aber keines investieren zu können, meine Arbeitszeit frei einzuteilen, reisen zu können ... Aber in welcher beruflichen Ausrichtung sollte das denn alles gehen?

Ich dachte dann, dass das als Psychotherapeut gut funktionieren könnte, und begann dann eine mehrjährige Ausbildung zum Psychotherapeuten. Das war das, was mir zu diesem Zeitpunkt am meisten Spaß bereitete. Ich war auf Reisen, hatte mit Menschen zu tun, inhaltlich war die Arbeit super interessant und meine systemischen und intuitiven Fähigkeiten kamen klasse zum Zuge. Ich kann sagen: Eine tolle Entscheidung, aber Geld konnte ich nicht wirklich damit verdienen. Ich reiste auch schon ein wenig, aber es war kein wirklich dynamisches Geschehen, von dem ich sagen konnte, dass dies nun die Arbeit sei, durch die ich meine Qualitäten ausleben und meine Bedürfnisse erfüllen konnte. Außerdem befasste ich mich für mein Gefühl viel zu viel mit dem Elend anderer Menschen, anstatt an Lösungen arbeiten zu können.

Dann kam alles auf einmal: Ich wurde Vater, zog mit meiner damaligen Lebensgefährtin zusammen und nahm eine echte Herausforderung an: Ich wurde im Anschluss an eine temporäre Beschäftigung im Verwaltungsbereich für die Übersiedler aus der ehemaligen DDR aufgefordert, eine neue Behörde aufzubauen. Das kam mir sehr passend: Endlich hatte ich das Gefühl, meine Muskeln im Gehirn und im Körper richtig einsetzen und Karriere machen zu können. Und tatsächlich, nach einigen heftigen Auseinandersetzungen mit den örtlichen Verwaltungsbehörden wurde ich vom Niedersächsischen Innenministerium als Leiter dieser Behörde eingesetzt. Klasse!!!

Ich überholte fast alle meine Studienkollegen auf der Besoldungsleiter, hatte keinen direkten Vorgesetzten und konnte eine Behörde nach meinen Vorstellungen aufbauen: Sie sollte für die Menschen da sein, wir sollten uns als Dienstleister verstehen, die Kompetenzen sollten auf die Mitarbeiter verteilt werden etc. etc. Ich begann also, alle meine negativen Erfahrungen aus meiner früheren Behördenzeit aufzuarbeiten und in ein neues Leitbild zu übersetzen, das ich dann gemeinsam mit den Nachgeordneten mit viel Kraft, Ausdauer und Spaß umsetzte.

Nach einigen Jahren erfolgreichen Schaffens begann dann im Zuge des immer deutlicher werdenden Rückganges der Staatseinnahmen und der daraufhin eintretenden Sparmaßnahmen der Landesregierung eine Zeit, in der meine Arbeit nicht mehr dahin wirkte, Qualität zu schaffen, vielmehr ging es nur noch darum, den immer deutlicher werdenden Qualitätsrückschritt besser zu verkaufen. Wenn ich auf neue Herausforderungen einen kreativen Umgang fand, wurde dieser von den vorgesetzten Behörden durch konkrete Vorgaben unterbunden. Benötigte ich Zielvorgaben, bekam ich keine bzw. es wurde gesagt: „Sie werden es schon machen. Seien Sie kreativ! Hauptsache es gibt keinen Ärger." Zusammenarbeit war das wirklich nicht!

Langsam meldete sich die immer noch nicht wirklich zufrieden gestellte Seele in mir und ich schaute mich um, was denn jetzt noch eine Alternative sein könnte, welche meinen inneren Qualitätsanforderungen an „meinen Beruf" gerecht werden könnte.

Durch den frühen Tod meiner ersten Lebensgefährtin und durch mein eigenes „Lotterleben" mit Alkohol, langen Nächten und eher ungesundem Essen meldete sich auch mein Körper immer häufiger und fragte nach Zuwendung. Da ich in der normalen Medizin keine wirkliche Hilfe erhielt, suchte ich auf dem alternativen Sektor nach Lösungen und hatte dann aufgrund guter Erfahrungen eine Produktreihe gefunden, mit der ich nicht nur für mich und bei Freunden gute Ergebnisse erzielte, sondern mit der ich auch in den Vertrieb einsteigen wollte.

Ich setzte wieder meine ganze Energie ein und baute einen gut gehenden Vertrieb mit diesen Produkten auf. Leider gab es zwei Schwierigkeiten, die mich dann bewegten, diesen Vertrieb wieder einzustellen. Den ersten Punkt hätte ich noch weggesteckt: das Bestellen und Lagern von Waren, was nicht nur viel Arbeit kostete, sondern auch viel Kapital band; das Verpacken, das Schreiben von Rechnungen etc. konnte ich nur kompensieren, wenn sich mein Geschäft verdoppelte. Das ging jedoch aufgrund meiner „Hauptarbeit“ in der Behörde nicht wirklich auf – so viele Stunden hatte der Tag nicht. Das hätte ich aber irgendwie noch hinbekommen, wenn nicht der Gründer und Präsident der Firma so narzisstisch und geldgierig gewesen wäre und alle Entscheidungen und Geldströme so organisiert hätte, dass er persönlich und einige wenige Auserwählte die Hauptbegünstigten aus dem Anwachsen der Firma waren.

Nach langen und intensiven Interventionen bei ihm sagte ich mir, dass Aufwand und Erfolg, aber auch die ethische Seite nicht so zueinander passen, dass ich den Sprung wagen konnte, mein Leben ganz auf dieses Geschäft und die Freiberuflichkeit zu stützen.
Denn das wusste ich inzwischen, meine Wünsche an meinen „Traumjob“ wollte ich unbedingt verwirk-

lichen: viel Geld verdienen, reisen können, große Umsätze erzielen, jedoch keine Last mit Lagerverwaltung und Mitarbeitern zu haben, mit Menschen arbeiten – am besten im Team –, ein ethisches Geschäft aufbauen, in dem alle Beteiligten Gewinner sind, gemeinsames Wachsen und Persönlichkeitsentwicklung mit Erfolg zu erzielen. Das waren die Qualitäten, die ich verfolgte. Einiges davon ging in dem Verkaufmodell bereits, aber ...

Und da ich meine Zeit nicht mit halben Sachen verbringen wollte, stellte ich auch diese Geschäftstätigkeit ein und ... machte erst einmal nichts, obwohl mir dies finanziell sehr wehtat. Meine inzwischen wieder aufgebaute und auf sechs Mitglieder angewachsene Familie kostete schon einiges, zumal ich inzwischen einen recht hohen Lebensstandard erreicht hatte, den es wirklich nur mit großen Schwierigkeiten zu halten gelang!

Und dann flatterte mir ein Zettel ins Haus: ohne Anschreiben, einfach so. Und da Werbung meistens direkt in den Papierkorb geht, kann ich heute von Glück sagen, dass das mit diesem Zettel nicht geschah. Und an einem schönen Freitagnachmittag las ich ihn dann durch und dachte: Entweder ist dieses Produkt absolut genial oder es ist ein großartiger Betrug. Wie ich eben bin, habe ich das Produkt ausprobiert und – war total begeistert. Nachdem ich das Produkt eine Zeit genommen hatte und es auch Freunden und Verwandten vermittelte, die auch die tollen Wirkungen feststellten, kümmerte ich mich um den Vertriebsweg – es war Network-Marketing. Das, was ich nie machen wollte.

Aber aufgrund der Qualität des Produktes setzte ich mich mehr mit diesem Vertriebsweg auseinander und kann sagen: Das war die Maßnahme, die mir heute wie eine Geburtshilfe in mein jetziges Leben erscheint.

Ich will gar nicht so viel über die Geburtswehen sprechen, die, glaube ich, jeder Mensch hat, wenn es darum geht, eine berufliche Situation grundlegend so zu verändern, dass man sagen kann: Ich bin beruflich angekommen und ich bin auch erfolgreich geworden.

Ich möchte aber darüber sprechen, welch tolles Geschäft ich gefunden habe. Alles, aber auch wirklich alles, was ich in meinen Träumen über meinen Lieblingsberuf gesehen habe, ist Wirklichkeit geworden, und alles Belastende, was ich nie haben wollte, muss ich nicht mehr tun.

Das Wichtigste zuerst: Wo viele Menschen Probleme haben, kann ich Lösungen anbieten, die für jeden Menschen funktionieren. Ich arbeite mit Menschen im Team zusammen, ich habe ein internationales Geschäft und reise in ganz Europa zu meinen Geschäftspartnern, ich brauche keine Lagerverwaltung und keine Mitarbeiter.

Das Geschäft ist total fair und der Verdienst geht an die aktiven Mitarbeiter. Ich kann mein Geschäft fair und sauber betreiben, also auch in der Geschäftswelt für ethische Grundwerte sorgen, indem ich meine Organisation mit genau diesen Werten aufbaue und sie entsprechend wachsen lasse.

Ich liebe die Marktmechanismen und freue mich, dass sie das Wachsen dieser Werte genauso lieben und unsere Organisation auf diesen Grundlagen immer weiter wachsen lassen. Ich kann meine intuitiven und systemischen, aber auch meine psychotherapeutischen Kenntnisse und Erfahrungen einfließen lassen, denn Wachstum im Geldbeutel funktioniert nur mit Wachstum im Persönlichkeitsbereich, im ganzen Wesen!

Aber noch mehr: Ich teile mir meine Zeit so ein, wie es mir passt, ich kann finanziell entspannt auftreten und kann Geld spenden für Einrichtungen, die für ein besseres Leben und neue Qualitäten in unserer Gesellschaft sorgen.

Und ich lebe meinen Kindern und anderen Menschen vor: Gib nicht auf! Gehe so lange, bis du das gefunden hast, was du liebst und was du Tag und Nacht mit Feuer und Liebe betreiben kannst.

Denn wenn man meinen Lebensweg sieht, wie verunsichert ich zwischendurch war und fast nicht mehr glauben konnte, dass es etwas für mich gibt, und ich dann doch das gefunden habe, was mich ausfüllt, dann mag man mir glauben, wenn ich sage: Wenn du den Glauben an dich und die Richtigkeit deiner Visionen nicht verlierst und, so wie ich, Halbheiten nie akzeptieren wirst, dann wirst du auch ankommen.

Ich habe im vergangenen Jahr meine Tätigkeit als Behördenleiter abgegeben und bin jetzt mit Leib und Seele Vollzeit-Netzwerker, bin so zufrieden und gesund, wie noch nie in meinem Leben zuvor, und ich sehe meine Zukunft so, dass meine Lebensqualität von Jahr zu Jahr steigt.

Und wenn ich morgen sterbe, dann kann ich sagen: Ich habe alles gelebt und ich bin angekommen! Und hinterlassen habe ich all denen, die mich kennen, die Botschaft: Es funktioniert, wenn du es wirklich willst.

Und leben werde ich: Netzwerk-Marketing, so wie wir es betreiben! Es ist das beste Geschäft der Welt und so sollten so viele Menschen wie nur irgendwie möglich ihr Leben aufwerten!

Markus Kosock

Über Omas und Enkel

Mein Enkel war schon immer etwas Besonders. Seine Mutter – meine Tochter Marianne – hatte bereits im Kindergarten die ersten Probleme mit Erik, der sich angeblich nicht einordnen konnte. Immer wollte er die Dinge tun, die er gerade im Kopf hatte – oftmals war das gar nicht im Sinne der Kindergärtnerinnen und so musste Marianne regelmäßig dort vorsprechen und Abbitte leisten.

Erik verstand es gar nicht; er hatte seinen Spaß und immer, wenn er bei mir war, war er das liebste Kind auf Erden. Wir zwei spielten miteinander – mein Mann war schon mehrere Jahre tot und ich lebe allein – und manchmal saß er auch allein auf dem Teppich und dachte sich die wildesten Geschichten aus. Mal war er Kapitän, dann wieder Rennfahrer – seine Fantasie blühte und er war glücklich.
Bis dann die Schulzeit begann …

Erik war in den ersten Wochen ein „normales Kind" und lernte ganz so, wie es die Lehrer von ihm verlangten. Eine Lehrerin sagte einmal: „Wenn ich Erik am Montagmorgen seine Erlebnisse vom Wochenende erzählen lasse, ist er brav und hört gut zu. Aber wehe, wenn nicht – dann kann er sich überhaupt nicht konzentrieren und versucht alle anderen Schüler zu stören."

Das war eine liebe Frau und Erik mochte sie. So kam er dann durch die Grundschulzeit, weil seine Klassenlehrerin wirklich seine guten Seiten zum Vorschein bringen konnte und ihren Beruf auch wirklich ernst nahm: Sie lehrte etwas und ging auf die Kinder ein.

Der Wechsel zur Hauptschule – rein leistungsmäßig hätte er gut und gerne aufs Gymnasium gehen können, aber sein „Verhalten" war nicht entsprechend – ging dann noch glatt, bis er dann in den typischen Schulalltag kam. Die Lehrer waren anders und er musste einfach funktionieren. Er war und ist ein wirklich herzensguter Mensch, aber er konnte einfach nicht über längere Zeit still sitzen. Dadurch fiel ihm das Lernen schwer, wobei Erik alle die Dinge, die ihm wirklich Spaß machten, mit voller Aufmerksamkeit über Stunden hinweg höchst konzentriert erledigte. Hier entwickelte er einen Ehrgeiz, den ich kaum von anderen Kindern kenne.

Aber das zählt in der heutigen Zeit in den Schulen, die er besucht hat, wohl nicht.

Er blieb einmal sitzen und fast die gesamte Schulzeit hatten wir Ärger mit den Lehrern. „Oma, ich werde mal Fußballspieler …", waren seine Worte, wenn ich besorgt war und ihn fragte, was er denn werden wolle. Es kam, wie es kommen musste, und er bestand mit Ach und Krach die 9. Klasse, spielte zwar weiter Fußball, entschloss sich dann aber, Gärtner zu werden. Diesen Beruf übte er auch lange aus und man sah, dass er daran Spaß hatte. Ich erinnere mich gut, dass er fast jeden Freitag auf der Matte stand und mich mit seinen himmelblauen Augen anstrahlte.

Meine Tochter – selbst geschieden und immer mal wieder in Begleitung – lebte zwar mit ihm zusammen, aber irgendwie hatte ich das Gefühl, dass sie ihn nicht verstand. Sie ist Verkäuferin in einem großen Kaufhaus und lebt nach dem Motto: „Lieber den Spatz in der Hand als die Taube auf dem Dach.“ Erik war genau das Gegenteil – er liebte die Herausforderungen und konnte zu jedem Unsinn kaum „Nein“ sagen. Vielleicht ist es ja auch so, dass sich Eltern immer nur Sorgen machen, weil sie das Beste für ihre Kinder wollen, und dadurch die Großeltern wesentlich gelassener sein können, weil eben die Verantwortung nicht mehr so da ist.

Sie machte sich Sorgen, weil er „immer über seine Verhältnisse“ leben würde. Dass Lehrjahre keine Herrenjahre sind, wusste ich, und so steckte ich ihm immer ein wenig von meiner sehr klein bemessenen Rente zu.

Er verschuldete sich dann aber so, dass auch ich ihm nicht mehr helfen konnte, und so musste er einen Offenbarungseid leisten. Meine Tochter wurde immer ärgerlicher – Erik frustrierter. Auch seine Laune wurde immer schlechter und er begann, mehr zu trinken, und verlor kurz darauf seinen Arbeitsplatz. Dann machte ich mir natürlich auch Sorgen – was sollte bloß aus dem Jungen werden? Er schlug sich so durch den Tag und schlief oft bis mittags. War mein kleiner Erik mit so jungen Jahren schon auf dem Abstellgleis? Er jobbte mal hier und mal da und fand dann einen Arbeitsplatz in einer Diskothek.

Kurz nach seinem 23. Geburtstag kam er dann mit glänzenden Augen zu mir und schwärmte mir vor, dass er nun den Schlüssel zu seinem Glück gefunden habe. Ach, wie hoffte ich, dass nun endlich diese Sauregurkenzeit vorbei sei!

Was ich bemerkte, war, dass er viel agiler war und ständig auf irgendwelche Treffen ging. Er versuchte mir das auch mal zu erklären, was er da tut – aber ich verstand es nicht. Irgendwie verkaufte er etwas und ich dachte, er sei so eine Art moderner Handlungsreisender. Es vergingen Monate und wir sahen uns immer weniger. Ab und zu rief er mich an und ich merkte, dass es ihm wirklich besser ging.

Eines Tages machte mir wieder mein Rücken so zu schaffen und Erik kam auf einen seltenen Besuch vorbei. Ein schickes Auto stand vor der Tür und er stellte mir stolz seine neue Freundin vor – sie wollten sich beide nun eine eigene Wohnung anschaffen und zusammenziehen. Ich wusste nicht, ob es die Freundin oder die Umstände waren – er wirkte so gelassen und ruhig wie noch nie. Als ich ihn dann fragte, ob er noch etwas Taschengeld brauche, schaute er mich lieb an und sagte. „Nee Oma – vielen Dank, aber das behalte mal für dich. Mir geht es wirklich gut." Er zeigte mir einen Scheck und ich glaubte nicht, was ich sah – da brauchte er mein Geld sicher nicht mehr.

Er bemerkte, wie ich mich beim Laufen anstrengen musste, und fragte mich, was los sei. Nach meiner Antwort gab er mir eine Creme, die ich mal ausprobieren sollte. Mein Erik gab mir Tipps … Aber ich probierte es – und es half!

Natürlich fragte ich ihn dann, als der Vorrat zur Neige ging, wo ich diese Creme kaufen könnte. „Gar nicht – die bekommst du nur bei mir …", war seine Antwort. Aber er würde dafür sorgen, dass ich diese Creme nun regelmäßig zugesandt bekomme, und es sei Ehrensache, dass er sie zahle.

Bei einem Treffen mit meiner Freundin Hildegard, die sehr engagiert in ihrer Kirchengemeinde tätig ist, erzählte ich von Erik und seiner „Wundersalbe“ und meine Freundin wollte nun auch mal probieren, um zu sehen, was es denn sei. So rief ich Erik an und fragte, ob er mehr besorgen könne und er lachte. „Mensch Oma, ich komme mal vorbei und erkläre dir noch mal, was ich mache und zeige dir, wie du das ganze Taschengeld, was du mir gegeben hast, wieder ausgezahlt bekommst.“ Das wollte ich gar nicht – Hildegard sollte ja bezahlen.

Zwei Tage später stand Erik vor der Tür und ich sollte eine Bestellung unterschreiben. Normalerweise mache ich so etwas nicht, aber er versicherte mir, dass es nur darum ging, dass ich jetzt die Salbe direkt vom Hersteller zugesandt bekomme, und erklärte mir, dass ich das genau so mit Hildegard machen solle. Dann bekäme sie alle Dinge zum Einkaufspreis – das fand ich gut und erklärte es ihr auch so.

Einen Monat später bekam ich nicht nur die Salbe zugeschickt, nein, es war auch ein kleiner Scheck dabei. Wieso bekomme ich denn Geld ausgezahlt? Da lag doch sicher ein Irrtum vor.

Parallel rief mich Hildegard an und schwärmte mir vor, dass sie nun über diese Creme erhebliche Schmerzlinderung erfahre und wollte gleich 20 neue Tuben für ihre Freundinnen haben. Was sollte ich tun? Sie sagte, dass sie mit einigen Bekannten aus der Gemeinde gesprochen habe und alle anderen eben auch diese Salbe haben wollten. Ich rief Erik an, der sich dann mit Hildegard und ihren Freundinnen traf.

Sechs Wochen später bekam ich wieder einen Scheck und ich verstand die Welt nicht mehr. Mittlerweile war es eine dreistellige Summe und ich löste das Geld erst einmal nicht ein, weil ich Angst hatte, es wieder zurückzahlen zu müssen. Erik, der wie immer viel unterwegs war, hatte nun öfter Kontakt mit Hildegard, die mir erzähle, dass sie selbst einmal auf einem Treffen mit Erik war und ich stolz auf ihn sein könne. Das machte mich neugierig und ich entschloss mich, mal mit Hildegard auf eines dieser Treffen zu gehen.

Erik stand auch vorne auf der Bühne und es waren über 100 Menschen da – war ich stolz! Mein Erik! Mal ganz ehrlich – so richtig verstand ich nicht, was die Leute da so erzählt haben. Aber es ging wohl darum, dass viele Leute positive Erfahrungen mit der Creme und noch anderen Produkten gemacht haben und sich damit ein „passives Einkommen" aufgebaut haben.

Das ist nun auch einige Monate her und meine Schecks wachsen jeden Monat – mittlerweile löse ich sie auch ein, denn ich weiß jetzt, dass es seine Richtigkeit hat. Für mich ist es so ähnlich wie damals mit den Rabattmarken – nur viel mehr und besser durchdacht! Ich finde das wirklich toll und kann das Geld gut gebrauchen.

Was mich aber wirklich glücklich macht, ist, dass Erik nun etwas gefunden hat, was ihm liegt. Allen Unkenrufen zuwider hat er in der Zeit mehr erreicht als viele andere und er kann seine Talente und Fähigkeiten hier sehr gut einsetzen.

So hat sicher jeder Mensch Talente und Fähigkeiten – die Frage ist nur, ob er an der richtigen Stelle ist und diese dort auch entsprechend einsetzen kann.

Er spielt wieder Fußball, will bald heiraten und reist viel durch die Weltgeschichte – mein Erik!

Margarete Hindendahl

P. S.: Noch eines: Meine Tochter hat sich nie angehört, was er denn da macht, da sie so etwas wohl schon mal über eine Kollegin gehört hat, die schlechte Erfahrungen gemacht habe – und ich verdiene mittlerweile fast so viel wie sie, die acht Stunden täglich im Laden steht. Sturheit kann schon viel Geld kosten …

Schon immer wusste ich …

… dass ich mich nicht so leicht unterordnen kann. Mit 15 habe ich meine Mittlere Reife und dann gleich eine Ausbildung zum Chemiefacharbeiter gemacht.

Eigentlich wollte ich Koch werden, aber das Hotel, in dem ich schon eine Lehrstelle hatte, machte kurz vorher pleite.

Noch während meiner Ausbildung interessierte ich mich für mehr als nur Benzinherstellung in einer Raffinerie.

Der Freund meiner Mutter warb mich für einen Versicherungsvertrieb. Jede Woche fuhr ich auf ein 250 km entferntes Training, egal ob Regen oder Glatteis im Winter, denn mir war klar, fast jeder brauchte diese Versicherung, die auch zahlte, wenn man berufsunfähig war. Nur die Abschlüsse ließen auf sich warten. Vielleicht lag es daran, dass ich zu dem Zeitpunkt furchtbar stotterte.

Zum Glück störte das die Mädels nicht so sehr, sonst wäre ich komplett deprimiert gewesen. Ich telefonierte also die Liste der Leute, die ich kenne, durch und meine Freunde nahmen schon Reißaus, wenn sie mich sahen. Aber jemand, der mir von einem Schulfreund empfohlen worden war, wollte nach einer Beratung und erneuter telefonischer Kontaktaufnahme tatsächlich einen Abschluss machen.

Die Provision schon ausrechnend machte ich mich auf den Weg. Vor Aufregung baute ich einen schweren Autounfall, bei dem ich mich zweimal überschlug. Mein erster Abschluss war dahin.

Dann wurde ich von dem amerikanischen Unternehmen übernommen. Das hieß: ein tolles Einkommen, aber auch fünf Schichten und an Feiertagen arbeiten – und eigentlich immer dann, wenn andere was Tolles vorhatten. Bei Nachtschichten malte ich mir aus, wie ich große Versicherungsvertriebe aufbaute und auf Seminaren sprach – natürlich ohne zu stottern. Allerdings hörte mein „Strukki" auf. Kurze Zeit später gab ich dann auch auf, obwohl ich tatsächlich schon Kunden geworben hatte.

Nach zwei Jahren Schichtarbeit war ich frustriert. Meine Kollegen sagten immer: „Lothar, du musst ja nur noch 40 Jahre arbeiten." Ich dachte: „Ja, aber bestimmt nicht hier ..." – und kündigte mit 20. Alle sagten: „Wie kannst du in der heutigen Zeit so einen sicheren Job aufgeben?" Es war mir egal. Vor lauter Stress hatte ich schon wieder einen Autounfall auf dem Weg zur Arbeit (nur ein halber Überschlag).

Mein Bruder warb mich für eine Versicherungsgesellschaft als Agenturleiter. Also machte ich noch eine Ausbildung zum Versicherungsfachmann und begann im Außendienst. So langsam ging mein Stottern weg. Ich trainierte hart, indem ich mir selbst laut vorlas. Nur das Geschäft lief schleppend. Nach einem Jahr waren alle meine Ersparnisse aufgebraucht. Im zweiten Jahr stellte mir die Vermieterin die Heizung ab, weil ich im Rückstand war.

Im dritten Jahr ging es endlich aufwärts. Ich bildete mich ständig weiter und begann zusätzlich Immobilien zu verkaufen. Das lief richtig gut und ich verdoppelte mein Einkommen in einem Jahr. Plötzlich fuhr ich einen Mercedes und bewohnte mit meiner Freundin eine sündhaft teure Galeriewohnung mit Wintergarten. Mein 25. Geburtstag war ein Fest. Leider wurde ich immer dicker – Wohlstandsspeck. Und eine erste Unzufriedenheit stellte sich ein. Könnte das immer so weiter gehen? Ich reiste viel nach Asien, was meinem Chef nicht gefiel. Sechs Wochen waren ihm zu viel, da kein Umsatz kam in dieser Zeit. Er hatte ja auch schließlich eine Villa am Starnberger See, eine 20 Jahre jüngere Frau, die Luxus und einen Jaguar liebte.

Genau in diesem Jahr fiel mir ein Inserat auf: „Unsere Besten verdienen eine Million pro Jahr!" Das haute mich um. Sofort rief ich an und wurde schriftlich auf ein Meeting eingeladen. Außer dem Sprecher und mir hatte niemand einen Anzug an. Dieser charismatische Typ überzeugte mich sofort von den amerikanischen Diätprodukten. Schließlich war ich ja selbst auch zu dick. Dass es für Deutschland noch keine Zulassung gab, störte mich weniger. Es ging ja um das große Geldverdienen. Also holte ich die Ware in Tuttlingen ab, frisch über die Grenze aus Frankreich eingeschmuggelt. Mit den ersten Leuten hatte ich schon gesprochen, und alle wollten diese Produkte.

Leider verkaufte just an diesem Tag eine andere Vertriebsleiterin aus meinem Ort die ganze Ware an meine heißeste Kandidatin. Ich war enttäuscht. So viele Stunden Autofahrt und jemand nimmt mir die erste Vertriebspartnerin weg. Das war meine erste negative Erfahrung im Network.

Aber ich machte weiter. Schließlich war ich ja schon durch den Einkauf von damals 8.000 DM Ware Vertriebsleiter. Jeder kaufte, sogar die hübsche Frau von meinem Chef, obwohl die eine tolle Figur hatte. Ich verdoppelte meinen Einsatz und bestellte nach. Keiner war sicher vor mir und meinen Diätmitteln. Nur meine Freundin weigerte sich, die Produkte zu nehmen.

Dann entdeckte ich das Sponsern. Alle wurden von mir gesponsert. Motiviert durch einen Wettbewerb schrieb ich in einem Monat über 30 Leute ein und gewann eine Karibikkreuzfahrt. Leider kam dann ein Gerücht auf, dass das Unternehmen einer Sekte gehört, und fast alle meine Leute hörten auf. Mich wunderte das, weil ich keiner Kirche oder Sekte angehörte, und die Produkte funktionierten ja schließlich.

Also schmiss ich meine Versicherungs-Selbstständigkeit und ging nach Südafrika in der Hoffnung, es dort zu schaffen. Mit zwei Koffern kam ich an und schaltete die ersten Inserate. Die Anrufer legten auf, weil ich plötzlich wieder stotterte. Mühsam erarbeitete ich mir das Englische und nach zwei Monaten kamen die ersten Erfolge. Zudem entdeckte ich, dass viele Deutsche in Südafrika leben, also schaltete ich deutsche Inserate. Im dritten Monat hatte ich fast die erste Führungsstufe erreicht, was mich sehr beflügelte. Ich begann, Seminare mitzugestalten, und zeigte den Leuten dort, wie man Seminare organisiert, welche Inhalte wichtig sind usw.

Plötzlich war ich im Mittelpunkt, dabei duplizierte ich nur das System meines Sponsors, der mittlerweile Millionen verdiente und von Monte Carlo nach Italien zog. Dort fand er ein Anwesen für mehrere Millionen. Ich dachte: „Das kann ich auch."

In 18 Monaten hatte ich so hart gearbeitet wie noch nie. Ich hatte täglich Inserate geschaltet, verteilte Handzettel, machte Präsentationen in Büros mit manchmal drei, manchmal 20 Personen und nahm dabei Bestellungen auf. Nachts hängte ich Zettel im Zentrum von Johannesburg auf. Es hieß: „Geh da nicht hin, die bringen dich um!“ Alle hatten Angst und ich war der Einzige auf der Straße. Nichts konnte mir Angst machen. Aber ich hatte zu viel für Anerkennung gearbeitet und meinen Organisationsaufbau vernachlässigt.

Nach über 400 Gesprächen ohne Wachstum war ich am Ende. Mein finanzielles Desaster wurde mir erst bewusst, als ich zu der Geburt meines Sohnes nach Deutschland flog. Mein Konto wurde gesperrt und plötzlich war ich mittellos. Dabei sprach ich immer von finanzieller Unabhängigkeit … Als ich mich weigerte, Zeitungen auszutragen, schmiss meine Freundin mich aus der Wohnung und ich war obdachlos. Aus der Traum; wieder mal musste mein Bruder herhalten. Er war frisch geschieden und lebte in einem kleinen Haus, das er umbaute. Sein Kettenrauchen und Aufstehen um 5 Uhr morgens hielt ich vier Wochen aus. Er borgte mir 50 DM für die Bahnfahrt zu meiner ältesten Schwester, die mir ein Zimmer gab.

Zum Glück nahm mich die Versicherung wieder als Verkäufer – das konnte ich ja. Nach einem Jahr ging es mir wieder gut und ich überlegte immer noch, warum ich gescheitert war. Heute weiß ich, dass die meisten Menschen einfach nicht gerne verkaufen. Und das System führte in die Abhängigkeit, weil jeder jeden Monat mit Null anfing; und genau das wollte ich ja nicht mehr.

Weil ich ja verkaufen konnte, wurde mir bei der Versicherung schnell langweilig. An meinem 30. Geburtstag war ich frustriert. Die Familie meiner Schwester vergaß meinen Geburtstag und ich fühlte mich einsam. Die Menschen aus dem Network fehlten mir. Dort war immer alles so anders. Keine negativen Versicherungskollegen, keine langweiligen Besprechungen. Hier war nichts Internationales, kein Flair. Nichts, nur Langeweile und kein Vorbild. Also studierte ich. Tagsüber Hochschule (mit 33 war ich der Zweitälteste), abends Außendienst.

Dann las ich – wie jedes Wochenende – die Stellenangebote und in einer Fachzeitung eine Annonce von einer ehemaligen Kollegin aus dem Network. Sie war super erfolgreich, Sprecherin auf fast jedem Seminar und hatte mich sogar mit ihrem Freund in Südafrika besucht. Ich war sprachlos, sie hatte das Unternehmen gewechselt. Warum nur? Ich rief sie an. Bei meinem Misserfolg dachte ich ja, dass es ausschließlich an mir lag, meinen mangelnden Fähigkeiten, zu geringem Durchhaltevermögen, zu frühem Aufhören usw. Das hatte ich ja meinen Leuten immer beigebracht. Aber sie? Unmöglich.

Sie erzählte mir, dass viele ihrer Partner trotz immensen Einsatzes kein Geld verdienten, dass viele finanziell am Ende waren und frustriert aufgaben – das kannte ich ja auch von mir.

Was war nun der Unterschied bei ihrer neuen Firma? Ich konnte es mir – trotz 27 Seiten Fax – nicht erklären. Ich fragte meinen Freund, ob er mitmachen will. Er lehnte dankend ab. Er sagte mir doch glatt: „Lothar, du bist ein Network-Versager." Danke, das hatte gesessen.

Dann fragte ich meinen Nachbarn, der nur bemerkte, dass die Produkte zu teuer seien. Immerhin bestellte ich mir die Produkte und merkte einen Unterschied zu den vorherigen. Aber ich behielt es für mich. Schließlich wollte ich mir keine weitere Abfuhr holen. Zu diesem Zeitpunkt war ich selbst mit meinen Zweifeln mein größter Gegenspieler. Aber auch meine Partnerin, die Angst hatte, dass ich einen weiteren Fehlschlag landen würde, ließ keine Gelegenheit aus, mich zu warnen und davon abzuhalten.

Mit den Versicherungen lief es gut und die ersten beiden Semester hatte ich auch geschafft. Aber es ließ mir keine Ruhe; immer dachte ich daran und nach einem knappen Jahr kam der Anruf meiner Sponsorin. Jemand, der auch von der alten Firma kam, hatte in einem Jahr die höchste Ebene des Vergütungsplanes bei diesem System erreicht; ich war platt. Warum nur hatte ich nicht angefangen. Aber mein Selbstwertgefühl war im Keller – zumindest was Networking betraf.

Ich beschloss anzufangen, nachdem ein alter Freund Produkte bestellen wollte. Und wenn überhaupt, dann würde ich nur noch mit dieser neuen Firma arbeiten. Dort würde jeder selbst bestellen und niemand müsste verkaufen. Ich sagte ihm also, dass er sie selbst bestellen müsse, was er dann auch tat. Er bestellte und hatte schon im ersten Monat acht weitere Besteller geworben. Ich bekam meinen ersten Scheck. Immerhin 94 Euro.

Komischerweise rief genau zu diesem Zeitpunkt mein Freund an, der mich noch vor einem Jahr als Versager bezeichnet hatte. Er fragte, wie mein neues Geschäft so lief, und ich erzählte, jeder würde selbst bestellen, keiner müsste verkaufen. Ich hätte zwar erst mit einer Person gesprochen, aber 9 wären schon im Team und meine Sponsorin würde dort hinfahren, um ein Training zu machen. Ich hatte ja noch keine Ahnung von diesem Geschäft.

Das imponierte ihm wohl und er kam am nächsten Tag mit seiner Frau, um zu starten. Während meines Studiums baute er eine gewaltige Downline auf. Dazu kamen noch weitere Teams von mir. Alles Menschen aus meinem Umfeld. Ich machte keine Werbung, alles war natürlich gewachsen. Er lachte mich immer aus, warum ich noch weiter studierte, aber ich hatte immer noch Angst zu versagen, und obwohl es prima lief, wollte mich meine Freundin noch immer abhalten. Um mich selbst zu überzeugen, schrieb ich sogar noch meine Diplomarbeit über die Network-Branche. Mit Erfolg diplomierte ich als Wirtschaftsjurist und ging dann in „Rente".

Ich bin zwar kein Millionär wie mein damaliger Sponsor – aber ich bin durch mein gänzlich passives Einkommen frei von Druck und habe wunderbare Menschen um mich herum. Auch die Partnerin habe ich gewechselt, weil ich die negative Kritik nicht mehr ertragen konnte. Hätte ich jetzt in einem illegalen System gearbeitet oder schlechte Dinge verkauft, dann hätte ich verstanden, dass meine Partnerin das nicht will. Aber hier half ich Menschen, unabhängig zu werden.

Heute coache ich Menschen, die auf der Suche und unzufrieden mit ihrer Situation sind. Die sich dort befinden, wo ich auch war. Ich musste wohl ganz unten sein, um nach oben zu kommen. Aber ich habe es mir schlussendlich verdient! Kürzlich sprach ich auf einer

Firmenveranstaltung und wurde wegen meiner außergewöhnlichen Leistung vor über 2.000 Partnern ausgezeichnet. Wie das emotional für mich war, kann ich gar nicht beschreiben, aber es war mehr wert als ein hoher Scheck – und eine tolle Belohnung fürs Durchhalten und Weitermachen.

Lothar Pusch

Zeit des Erwachens

Oliver und ich lebten bis vor einigen Jahren nach außen hin ein Leben, wie es sich viele wünschen und erträumen …
Wir waren glücklich verheiratet, wohnten in einem großen Haus mit parkartigem Garten, fünf bis sechs Hunde teilten unser Leben, Oliver hatte sich als Dachdeckermeister selbstständig gemacht, wir fuhren „dicke" Autos, unsere Altersversorgung stand in Form von mehreren Häusern und alles schien perfekt. Die Idealvorstellung des Deutschen war somit erfüllt. Das dachten wir auch eine ganze Zeit lang …

Aber irgendetwas stimmte nicht. Erst war es ein unterschwelliges Druckgefühl, hinzu kam eine latente Unzufriedenheit gepaart mit dem ewigen Streben nach mehr; größer – weiter – höher, was zur Folge hatte, dass sich unser Rad immer schneller drehte. Wir durchlebten einige Jahre auf der Achterbahn – auf und ab – das Geld kam und ging. Mit ihm die Zufriedenheit – auch sie kam und ging … Unser Leben bestand aus Arbeit, Sorgen und sonst?

Unsere Ehe wurde zu einer Gefühlswüste, wir hatten uns in der ganzen Arbeit verloren, je länger wir zusammen waren, umso fremder wurden wir uns. Was uns zusammenhielt, waren die Hunde, die Arbeit und die gemeinsamen Verbindlichkeiten.

„Da musste es doch noch mehr geben …" Dieser Gedanke quälte mich immer wieder, aber es fehlten die Kraft und die Motivation, um auf die Suche nach mehr zu gehen. Denn mehr bedeutete damals für uns nur noch mehr Arbeit und noch mehr Sorgen und noch weniger Zeit – der Strudel war entstanden und wir waren mittendrin. Was nutzt das ganze Hab und Gut, wenn man nur noch funktioniert?

Wohnst du noch oder lebst du schon?

Ja, leben, dass wollte ich, leben mit allen Sinnen – sich in Augenblicken verlieren – in Balance mit dem Partner stressfrei leben, genießen … Na ja, manchmal kommen Chancen in unser Leben und vor lauter Schema F bemerken wir sie einfach nicht. Manchmal verstecken sie sich hinter schlimmen Dingen – wie heißt es so schön: An allem Schlechten ist auch immer was Gutes? So ist es auch uns geschehen.

Unsere Achterbahn des Lebens setzte an zur Talfahrt und das mit Tempo 300 – einige große Kunden zahlten nicht –, die Insolvenz drohte, unsere Ehe hatte sich in eine Arbeits- und Lebens-WG gewandelt und einer unserer Hunde wurde durch starke Arthrose zum Tode verurteilt. Die Zeit drängte. Ich fing ganz pragmatisch an, mich auf die Suche nach alternativen Präparaten für Cira – via Internet – zu begeben. Rückblickend gesehen, begann hier der Wandel in unserem Leben …

Ich wurde fündig, es hörte sich ein bisschen wie Zauberei an – ich habe kein Wort von dem geglaubt, was ich da las, bestellte aber trotzdem die Produkte. Es war Ciras letzte Chance … Was soll ich sagen, die Besserung trat ein – sie lebt heute immer noch …

Mit der Besserung kam die Begeisterung und auch die Überzeugung. Nach einiger Zeit wurden uns die Produkte zu teuer – drohende Insolvenz – und wir mussten sie abbestellen. Ich sprach mit dem jungen Mann, um die Bestellung zu canceln, und er sagte zu mir Folgendes: „Nun, ich kann Ihnen zeigen, wie Sie die Produkte auch umsonst haben können – eine Art Kaufpreisrückerstattung …“

So gesagt, stand er eines Freitags im Dezember vor meiner Tür – in dieser Woche hatten wir jeden Tag Vertreter im Haus, denn wir wollten firmentechnisch neue Lieferanten auftun; die alten belieferten uns aufgrund unbezahlter Rechnungen nicht mehr.

Uns war an diesem Freitag nach allem zu Mute, nur nicht nach noch einem „Vertreter“. Es klingelte und ich öffnete einem Mann Anfang zwanzig die Tür – seine ersten Worte waren: „Hallo, wir haben um 17:00 Uhr einen Termin und nun habe ich meine Mutter im Auto und wollte fragen, ob ich sie denn mitbringen kann …“ Wir waren bedient – aber ich erwähnte ja bereits, dass nun der Wandel in unserem Leben kam. Er kam in Form dieses jungen Mannes, der anfing, wild Kreise und Striche auf ein Papier zu kritzeln. Dabei erzählte er in einem Affenzahn, was man hier alles so verdienen kann – uns erschien dieses ganze Szenario sehr befremdlich, aber es ging uns so schlecht, dass wir in diesem Moment bereit waren, alles zu tun – Hauptsache es änderte sich was.

Nun, wir taten es, ohne anfangs zu verstehen, was wir da eigentlich taten und wie es überhaupt funktionierte – wir taten es einfach.

Dieser Abend liegt nun drei Jahre zurück – unser Leben hat sich um 180 Grad gedreht – Stück für Stück – hin zu dem, wonach ich die ganzen Jahre unterschwellig gesucht habe.

Auch in diesem Job gibt es Achterbahnen und ich kann sagen, ich habe sie alle Probe gefahren. Ich glaube, alle „Fehler“, die man machen konnte, habe ich gemacht. Wir sind sehr schnell erfolgreich geworden und leider auch ähnlich schnell wieder abgestürzt. Woran lag das?

Wer den Film „Das letzte Einhorn“ gesehen hat, weiß, dass ein Feuerstier die Einhörner ins Wasser treibt – so in etwa habe ich es mit meinem Team fabriziert. Die Energie war da – leider ging sie in die falsche Richtung.

Heute weiß ich, dass es hier um wesentlich mehr geht als um das, was mich am Anfang ansprang. Der berühmte Blick über den Tellerrand – Schemen erkennen und loslassen – über sich selber hinauswachsen, Potenziale in sich selbst und anderen erkennen und fördern ...

Vieles von dem, was hier steht, war uns natürlich nicht von Anfang an klar ... Unsere Vorstellung darüber, wie unser Leben sein sollte, wird von Tag zu Tag deutlicher, und von Tag zu Tag arbeiten wir daran, diese Vorstellung Stück für Stück in die Tat umzusetzen. Eine große Hilfe bei unserer „Zeit des Erwachens“ sind Birgit und Dirk Jakob – ihnen gilt hier unser besonderer Dank, denn ohne die beiden würden wir noch „selig“ vor uns hinschlummern ...

Viel Spaß beim „Aufwachen“ wünscht

Petra Hansen

Über Sein, Tun und Haben

Zwei Erfahrungen haben mich in meiner Kindheit besonders geprägt. Ich habe nicht erfahren können, was Liebe ist, und – leider – habe ich erfahren, dass auf dieser Welt die Menschen nicht gleich sind.

Ein Erlebnis hat sich mir besonders eingeprägt. Der Nachbarsjunge bekam ein Kett*Car* zum Geburtstag und ich einen alten klapprigen Tretroller aus Holz. Weil ich noch ein kleines Kind war, habe ich nicht verstanden, warum das so war – ich fand es einfach ungerecht. Später habe ich immer wieder die Welt und das gesamte System als ungleich und unfair erfahren.

Zum Glück gehöre ich nicht zu den Menschen, die den Kopf in den Sand stecken. Stattdessen machte ich mich auf den Weg, die Welt zu retten. Ich engagierte mich bereits als Jugendlicher, wo sich die Gelegenheit ergab. Auf diese Weise wuchs ich auch in verschiedene Ämter hinein. Vom Klassensprecher über den Landesschülerrat von Niedersachsen bis zum Sprecher von 40.000 Studenten an der Gesamthochschule von Paderborn.

Durch diese vielen Aktivitäten lernte ich sehr interessante Persönlichkeiten kennen, die vielen Menschen ein Vorbild sind und die großen Eindruck auch auf mich gemacht haben. Um nur einige zu nennen: Willy Brandt, Johannes Rau und Günter Grass, der mich persönlich am meisten beeindruckt hat. Sogar mit unserem ehemaligen Kanzler Gerhard

Schröder habe ich Gespräche geführt und war in seinen ersten Wahlkampf in Niedersachsen auf Honorarbasis involviert.

Und dennoch: Schon bald stieß ich an meine persönlichen Grenzen und Möglichkeiten, „die Welt zu retten“! Und musste erkennen, dass sich die Welt – so wie ich wollte – nicht verändern lassen wollte.

Eines Tages dann besuchte ich ein Seminar von Jim Rohn, in dem er folgende Aussage machte: „Du kannst die Welt nicht ändern. Du kannst nur dich ändern, dann ändert sich die Welt.“ Und weiter: „Den Wind kannst du nicht beeinflussen, du kannst nur deine Segel so setzen, das du deine Ziele erreichst.“

Bis ich wirklich verstanden habe, was das in seiner letztendlichen Konsequenz bedeutet: „Du kannst die Welt nicht ändern. Du kannst nur dich ändern, dann ändert sich die Welt.“, hat es noch eine längere Weile gedauert. Heute glaube ich immer mehr, dass wir die Welt Stück für Stück besser machen können, wenn jeder zunächst für sich selbst etwas tut.

Das hört sich vielleicht egoistisch an, bekommt aber einen Sinn, wenn man sich mit fernöstlicher Lebensphilosophie beschäftigt. Denn dort sagen große Meister: *„Alles ist EINS!“* Und im Christentum heißt es ja nicht umsonst: *„Du sollst deinen Nächsten lieben – WIE DICH SELBST!“*

Zu dieser Einstellung war es ein langer Weg. Ich bin nun offen und fähig, die Dinge in einem anderen Licht zu sehen. Dem Leben einen Sinn geben! Die Welt ein Stück besser zu verlassen, als ich sie vorgefunden habe. Aber die Welt nicht durch Druck oder eine Revolution

verändern, sondern durch persönliches Wachstum des Einzelnen, so viel und so schnell jeder es für sich selbst möchte. Es heißt auch: „Wenn sich jeder um sich selbst kümmert, ist für jeden gesorgt."
„Lebe, als wäre es dein letzter Tag, und lerne, als würdest du ewig leben."

Das ist eine große Weisheit, denn: Was wissen wir überhaupt? Glauben Sie an Gott, an ein Leben nach dem Tod oder gar an die Wiedergeburt? Was ist der Sinn des Lebens? Persönliches Wachstum, das Erreichen eines bestimmten Bewusstseinzustandes oder soll da gar nichts weiter sein? Ich habe mich entschieden zu glauben, dass da mehr sein muss, als ich heute mit meinen sechs Sinnen begreifen kann. Ein gutes Beispiel hierfür ist auch die Art und Weise, wie ich Anna, meine große Liebe und Seelenverwandte, kennen lernte. Erst als mir klar wurde, was ich wirklich wollte, war ich bereit.

Sein, Tun, Haben

Haben, tun, sein. Während meiner vielen Jahre im Geschäftsleben hat es mich immer wieder fasziniert, dass die meisten Menschen diese Worte in der falschen Reihenfolge nennen. Leute glauben, sie müssten bestimmte Dinge *haben* – sei es gutes Aussehen, außerordentliches Talent, Geld oder besondere Fähigkeiten –, bevor sie *tun* können, was sie tun wollen. Und nur dann können sie sein, wie sie eigentlich sein wollen. Aber so ist es nicht. Wir *haben*, was wir wollen, weil wir das *tun*, was man tun muss, um es zu bekommen. Wir *tun* es, weil wir die Art Person *sind*, die solche Dinge tut. *Sein, Tun, Haben.* So funktioniert es wirklich.

Wir führen kein Dahaben oder Datun, sondern wir führen ein Dasein!

Ähnlich verhält es sich mit dem Spruch: „*Etwas zu sehen heißt, daran zu glauben.*“ Der Spruch müsste andersherum lauten: „*Glauben ist Sehen*“. Sie werden niemals weiterkommen als Sie glauben! Wir sehen, woran wir glauben. Nicht mehr, nicht weniger. Und bis wir daran glauben, etwas in unserem Leben zu haben oder tun zu können, werden wir es nicht sehen! Solange ich nicht daran glaubte, so sein zu können, wie ich wirklich sein wollte, hatte ich auch keine Hoffnung. Ich wollte zunächst NUR die Welt ändern, was mir leichter schien, als mich zu ändern.

Was LIEBE wirklich ist, habe ich erst durch Anna erfahren dürfen. Neulich auf einem Network-Seminar, als es um das Thema Erfolg durch Visualisierung ging, hat sie, als ich sie darum bat, ein gutes Beispiel dafür gegeben, dass es mit der Visualisierung wirklich funktioniert, und dabei ihrer Liebe so faszinierend Ausdruck verliehen, dass sicherlich jeder Teilnehmer es anschließend selbst versuchte.

Anna:
Hallo. Ich heiße Anna und erzähle eine sehr besondere Geschichte ...

Eines Tages rief meine gute Freundin an und fragte mich, ob ich endlich meine Bestellung rausgeschickt habe. Es ging um eine Bestellung beim Universum ... „Kinderkram“, dachte ich. Ich wollte daran nicht glauben, ich war so skeptisch. „… einen Traummann ... gibt es so was noch?“

Aber eine Stimme in mir sagte auch: „Sie ist eine sehr erfolgreiche Person in dem, was sie tut, eine Heilerin, und sie sagt nie etwas ohne Sinn!!“ Hmm ...

Sie sagte mir: „Anna, du machst das jetzt, sonst ruf mich nicht mehr an!“ und war weg! Stille am Telefon!!! Hmm ... mein Herz ist stehen geblieben!! Ich habe 24 Stunden gebraucht, um zu verstehen, was geschehen ist. Dann traf ich die wichtigste Entscheidung meines Lebens. Ich nahm ein Blatt Papier und einen Stift und fing an zu schreiben! ... zu träumen, zu visualisieren, und war bereit, mich überraschen zu lassen.

Es war, als wenn ich, die kleine Anna, ein Stück vom Universum in der Hand hatte und mit ihm machen könnte, was ich wollte. Es war ein Wunder! Ich war die Schöpferin meines zukünftigen Mannes. Es war gigantisch, als wenn die Vergangenheit keine Rolle spielte. Ich war so skeptisch ... Meine Erfahrungen mit Männern in der Vergangenheit waren sehr negativ und schmerzhaft. Ich bin immer wieder enttäuscht worden. Ich habe nicht mehr geglaubt, dass es noch einen Mann geben könnte, mit dem ich wirklich glücklich sein sollte! Es schien mir eher wie ein Märchen, ein Wunder oder göttliches Geschenk, das für mich nicht bestimmt sein sollte.

Was mich total fasziniert hat, war das Gefühl. Schon als ich anfing zu schreiben, hatte die Vergangenheit keine Bedeutung mehr, als wenn die Zeit stehen geblieben wäre. Ich war im „Hier und Jetzt“ und entdeckte nun, was schon immer in mir war, etwas Göttliches, Schöpferisches!

Meine Bestellung war fertig und rausgeschickt. Ich habe nicht geglaubt, dass es so einen Mann geben könnte. Ich habe was Göttliches bestellt, es müsste ein Wunder passieren, wenn das Wirklichkeit werden sollte. Ich versuchte trotzdem, ihn mir immer wieder vorzustellen, weil es mir gut tat, daran zu denken, wie es wohl sein würde. Drei Tage hat's gedauert und ... es geschah ein Wunder! Auf einem Seminar traf ich einen wunderbaren Mann – Uwe – und verliebte mich vom ersten Augenblick ..."

Das waren Annas Worte und natürlich werde ich ihnen nicht vollkommen gerecht, aber ist es nicht ein gutes Beispiel für die Fähigkeit zur LIEBE?!

Ich habe ein zärtliches Gefühl

Ich habe ein zärtliches Gefühl
für jeden Nichtsnutz, jeden Kerl,
der frei umherzieht ohne Ziel.
der niemands Knecht ist, niemands Herr.
Ich habe ein zärtliches Gefühl
für den, der seinen Mund auftut,
der Gesten gegenüber kühl,
und brüllt, wenn's ihm danach zumut.
Ich habe ein zärtliches Gefühl
für den, der sich zu träumen traut,
der, wenn sein Traum die Wahrheit trifft,
noch lachen kann – wenn auch zu laut.
Ich hab' ein zärtliches Gefühl
für jede Frau, für jeden Mann,
für jeden Menschen, wenn er nur
vollkommen wehrlos lieben kann.

Hermann van Veen

Es ist nicht wichtig, wer du BIST, sondern wer du SEIN willst!

Ich durfte erfahren, dass Veränderungen durch Lernen und persönliches Wachstum beseelen und glücklich machen. Langsam erfahre ich, dass meine Veränderung und Verwandlung auch positiven Einfluss auf meine Umwelt und meine Mitmenschen hat. Ich verpflichtete mich zu Veränderung und Wachstum und zog so endlich den Menschen in mein Leben, der mich lehrte, was Liebe ist.
Sein, tun, haben!

Als zu Beginn diese Einsichten in mir wuchsen, war ich viele Jahre in der unglücklichen Situation, dass ich, wenn ich die *Zeit* abzog, die ich zum Schlafen, zum Arbeiten und für die Dinge benötigte, die ich jeden Tag erledigen musste, wie die meisten Menschen nur noch ein bis zwei Stunden Zeit pro Tag hatte. Oft war ich zu erschöpft, das zu tun, was ich wirklich tun wollte – und außerdem stellte sich immer noch die Frage, *ob ich genug GELD dafür hatte?* Denn Bücher, Fortbildung und Seminare kosten nicht nur Zeit, sondern eben auch Geld. Ich fragte mich damals: „Sollte das alles sein? Soll das so bleiben oder kann ich das ändern?"

Glücklicherweise habe ich dann eine Lösung gefunden und heute bin ich in einer mehr als zufrieden stellenden Situation. Ich habe genug Zeit und das nötige Vermögen, um das Leben zu leben, das ich mir erträumt habe, und um diesen Weg der persönlichen Entwicklung und des Lernens weiter gehen zu können. Man sagt ja: „Träume sind Schäume" – aber da kann ich nur widersprechen. Ich habe vor einigen Jahren einen Weg gefunden, um dieses Dilemma zu lösen, der all dies in sich vereint: Freiheit, Geld und

Zeit zum Leben. Und der Schlüssel dazu ist eine Methode, so einfach, dass es wirklich JEDER kann! Sehen Sie: Das wirklich Wichtige hat man uns in der Schule entweder gar nicht gelehrt oder es ist in der Masse des Nebensächlichen, Veralteten und Überflüssigen untergegangen. Die pauschale Behauptung „Wissen ist Macht“ ist falsch. Richtig muss es heißen: Ein für die Mitwelt wichtiger Vorsprung an Wissen ist Macht. Der Geist ist die Quelle der Materie. Und dies bedeutet: Verbessert man die geistigen Verhältnisse eines Menschen, verbessern sich seine materiellen/finanziellen Verhältnisse schon von selbst. Und mit ihnen auch die mentalen, sozialen und sogar die gesundheitlichen Verhältnisse.

Wer mit einem kleinen Becher zum Brunnen geht, bekommt auch nur einen kleinen Becher voll Wasser.

Was mich heute bewegt und motiviert, ist, diesen von mir eingeschlagen Weg auch anderen zu eröffnen und ihnen die gleiche persönliche Freiheit zum Wachstum zu ermöglichen.

Das Schöne dabei ist, dass jeder so schnell und so weit auf diesem Weg gehen kann, wie er es wünscht.

Uwe Keschke

Schön zu wissen ...

Herr Knaut war ein ruhiger und besonnener Mensch von 45 Jahren, der glücklich und zufrieden sein Leben bestritt. Ich kannte ihn schon seit vielen Jahren und möchte hier seine Geschichte erzählen ...

Wie viele andere auch, achtete er sehr darauf, nicht besonders aufzufallen und sich innerhalb der geforderten Norm entsprechend zu bewegen. Er lebte in einem normalen Reihenhaus mit zwei normalen heranwachsenden Kindern und einer Ehefrau, die ihm im häuslichen Umfeld all die Dinge abnahm, die ihn von seiner eigentlichen „Aufgabe" ablenken konnten.

Pünktlich um 6:00 Uhr eines jeden Morgens stand Herr Knaut auf, um sich als Angestellter eines mittelständigen Unternehmens um 8:00 Uhr im Betrieb einzufinden. Als zurückhaltender Mensch fiel er auch nicht besonders auf und seinen Kollegen gegenüber verhielt er sich stets nett und zuvorkommend. Im Betrieb sprach man über innerbetriebliche Gegebenheiten und achtete darauf, sich ja nicht zu nahe zu kommen.

Kurz und gut: Sein Leben hatte zwar keine Ecken und Kanten, dafür aber lebte er in einem scheinbar sicheren Umfeld. Nichts deutete auf die unmittelbare Gefahr hin, die ihn ein paar Wochen später heimsuchen sollte: Er wurde schlicht und ergreifend wegrationalisiert. Sein Betrieb, in dem er brav über 20 Jahre seines Lebens verbracht hatte, brach aufgrund der schwankenden Konjunktur zusammen und wurde von einer anderen Firma aufgekauft. Herr Knaut verstand die Welt nicht mehr. Er, der doch so redlich und unermüdlich zum Erfolg der Firma beigetragen hatte, wurde zugunsten eines, wie er meinte, „Jungspunds" entlassen.

Herr Knaut fiel in ein tiefes Loch und haderte mit sich, der Welt und dem lieben Gott. Er gab Gott, den Umständen (auf jeden Fall immer jemand anderem) die Schuld für sein nun scheinbar sinnloses Leben, für die verlorene Liebesmüh seiner Firma gegenüber und für all die Ungerechtigkeiten, die ihm nun widerfahren waren. Seine Familie konnte ihm nichts mehr recht machen und die Schuldigen fand er immer im Außen. Er war zu einer wandelnden Beschwerde geworden und nichts konnte ihn davon abhalten, jedem zu zeigen, wie schlecht es ihm ging.

Aus dem friedliebenden und zuvorkommenden Menschen reifte allmählich ein kleines Ungeheuer heran, das jeden für seine Misere verantwortlich machte und seine Familie ins Abseits drängte. Er rächte sich auch an jenen Menschen, die versuchten, ihm neue Impulse zu vermitteln und ihm zur Seite zu stehen. So versuchte auch ich ihm zu helfen und ihm neue Anregungen zu geben, ihm Alternativen anzubieten – das Ergebnis waren Beschimpfungen und Unterstellungen. Das Resultat war, dass wir uns kaum mehr unterhielten, denn ich hatte keine Lust, mich runterziehen zu lassen.
Dann verließ ihn seine Familie.

An einem dieser traurigen Tage, als er ungepflegt in seinem sumpfigen Zimmer ausharrte und darüber nachsann, wie viel er doch verloren hatte, klingelte das Telefon und – wie er mir dann später erzählte – sein Pastor rief an. Er sagte: „Hilf dir selbst, dann hilft dir Gott", gab ihm das Beispiel des Vaters, der seinen

Söhnen „Talente“ mit auf den Weg gab, damit sie daraus etwas machen sollten, und fragte dann, welche „Talente“ er denn habe.

Stundenlang brütete er über diesen Satz nach.

Hatte das Telefon überhaupt geklingelt? Hatte er geträumt? Was sollte das – er hatte seit mehreren Jahren nicht mehr mit dem Pastor gesprochen und ging auch nicht mehr in die Kirche. „So ein Blödsinn – man will ja eh nur den Leuten den klaren Blick verschleiern. Menschlichkeit, Miteinander, ein tieferer Sinn ... das alles sind nur Ablenkungsmanöver, um nicht zu erkennen, wie hart und ungerecht die Welt eigentlich ist.“

Wie er mir beschrieb, vernahm er plötzlich ein kaum wahrnehmbares Ziehen in seinem Herzen und er musste ohne besonderen Grund heulen – auch das hatte er schon Jahre nicht mehr gemacht. Er hatte den Frust in sich hineingefressen und nun kam wohl alles heraus. Und er meinte, dass es gut war, dass er allein gewesen sei, denn sonst hätte er es sich sicher nicht erlaubt.

Er stellte sich die Frage, ob es denn nun wirklich so wäre, dass seine Frau ihn nicht verstand und deswegen mit den Kindern gegangen ist, oder ob sie einfach seine Negativität und spitzen Bemerkungen nicht mehr ertragen konnte. Schließlich hatte sie ihm das genau so gesagt – er wollte es nur nicht wahrhaben. Warum hatten sich so viele andere – inzwischen ehemalige – Freunde von ihm zurückgezogen? Warum machte ihm nichts mehr Spaß? Warum stumpfte er immer mehr ab? Er heulte weiter ...

Den nächsten Tag habe ich ihn gesehen – und er fragte mich, ob ich ihm denn nicht doch mal erklären könne, was ich mit meinen Vorschlägen meine. Hatte ich ihm nicht schon vor Monten einen Vorschlag gemacht, wie er sich wieder in die Gesellschaft integrieren könnte, indem er seine Erfahrungen wunderbar einbringen kann? Wollte ich mich nun mit ihm auseinander setzen, der mich noch vor kurzem so beleidigt hatte? Damals zeigte er kein Interesse. Auf diese Art des Geldverdienens verstand er sich nicht und außerdem ... man hörte teilweise so ungute Dinge über so genannte Network-Unternehmen.

Nun, was hatte ich zu verlieren? Er hatte Erfahrung, Menschenkenntnis und vor seinem emotionalen Zusammenbruch eine zuvorkommende und freundliche Art. Er war – zumindest seinem Alter nach – in der Blüte seines Lebens und die Umstände, die ihn fast haben verzweifeln lassen, haben ihn scheinbar wieder klar sehen lassen.

So erklärte ich ihm mein Geschäft und nahm ihn auf Meetings mit. Ich hatte nicht sonderlich viel Interesse daran, dass er bei mir einstieg, denn er war damals noch sehr anstrengend. Aber er veränderte sich zusehends. Je mehr er in Kontakt mit positiven Menschen kam, die auch Krisen durchgestanden und gemeistert hatten, desto offener wurde er. Er wusste nun, dass er sein Leben selbst in die Hand nehmen musste, um etwas zu verändern.

Den Mut, etwas zu riskieren und aus dem gewohnten Umfeld auszubrechen, hatte er seinem ehemaligen Chef zu verdanken, der ihn in diese menschliche Krise hatte abstürzen lassen.

Doch nun begriff er es als Chance, auch seine Frau und die Kinder wieder zurückzugewinnen, mehr Lebensfreude zu haben und von vorne anzufangen.

Wir arbeiteten sehr intensiv miteinander und er erzählte mir immer mehr seine Geschichte, die ich hier aufschreibe. Er wurde zu einem meiner besten Teammitglieder und gab vielen Leuten neuen Mut. Er war den schweren Lebensumständen und seinem Chef sehr dankbar: damals für ihn undenkbar, heute machbar.

Außerdem führte Herr Knaut in seinem Network nach drei Jahren eine Gruppe von ca. 2.000 Menschen souverän und mit sehr viel Engagement an, die an ihm besonders seine Herzensbildung, seinen Verstand und seine vorsichtige Menschenführung schätzte. Seine Frau war durch die positive Veränderung ihres Mannes und der aufrichtigen und verständnisvollen Art ihr gegenüber so angetan, dass sie zu ihm zurückkam und ihn erfolgreich unterstützte.

Warum ich das alles für ihn aufschreibe?

Herr Knaut – wir duzten uns dann später – ist vor ein paar Monaten gestorben; ein Lkw-Fahrer hatte die Vorfahrt übersehen. Wir alle, das gesamte Team und vor allem seine Familie waren geschockt und konnten es nicht verstehen.

Der Pastor, der ihn dann beerdigte, sagte, dass er vor seinem Tod noch einmal mit Herrn Knaut gesprochen habe, da er ihn in der Kirche gesehen hatte. Bei diesem Gespräch kam ihm Herr Knaut wie ausgewechselt vor – er wäre lebensbejahend gewesen und hätte nun seinen Lebenssinn gefunden: Menschen aus Krisen zu begleiten. Herr Knaut habe ihn gefragt, warum er ihn damals angerufen habe, und er hat geantwortet, dass er seine Gemeindemitglieder regelmäßig anrufe, sich aber gar nicht mehr bewusst an dieses spezielle Telefonat erinnere. Es sei einfach seine Aufgabe, die er gerne erfülle, worauf Herr Knaut wohl lachte und sagte, dass seine Aufgabe gar nicht so viel anders wäre als das, was er tue.

Frau Knaut hat sicher den schmerzlichen Verlust noch nicht verkraftet – aber ihre wirtschaftliche Situation ist durch das Engagement ihres Mannes abgesichert. Sie selbst hat sich in den ersten Monaten komplett zurückgezogen. Erst in der letzten Woche rief sie mich an und sagte mir, dass sie sich überlege, mal wieder zu einem Meeting zu kommen. Der Zusammenhalt des Teams und das Beileid der vielen Menschen, die so gut von ihrem Mann sprachen, habe ihr unendlich geholfen. Was aber auch wichtig sei, wäre, dass sie sich keine Gedanken über Geld und die Ausbildung der Kinder machen müsse, die demnächst studieren wollen. Die Früchte, die ihr Mann gesät habe, seien mehr als aufgegangen …

Fritz – wenn du das also „im Himmel“ lesen solltest, lass dir sagen, dass wir noch oft an dich denken!

Bernhard Schmöller

P. S.: Die Namen wurden aus Pietätsgründen verändert.

„Es gehört nur ein wenig Mut dazu, nicht zu tun, was alle tun."

(EDGAR JOUBERT)

Ich hatte grundsätzlich eine sehr schöne Kindheit, war jeden Sommer mit meinen Eltern auf der Alp und habe die Jugendjahre sehr genossen. Trotzdem wurde ich nicht unbedingt zur Selbstständigkeit erzogen, es hieß sehr oft: „Das kannst du nicht ..., das ist nichts für dich ..., du bist noch zu klein ..." u. s. w. und ich habe mich natürlich dann auch so gefühlt. Das hat mein Selbstvertrauen nicht gerade gestärkt.

Mein Vater konnte nicht vor einer Menge Leute sprechen. An meiner Konfirmation wurde er spontan aufgefordert, vor ca. 300 Leuten etwas zu sagen. Er stand da und brachte kein Wort heraus. Das war für mich als Fünfzehnjährigen so schlimm, dass ich mir ganz tief innen gesagt habe: „Das passiert mir nie."

Ich habe an meinem Selbstvertrauen gearbeitet, langsam Schritt für Schritt, und heute gehört das Sprechen vor vielen Menschen zu einer meiner Lieblingsbeschäftigungen.

Das Bergbauernleben hat mir wohl als Kind sehr gut gefallen; mich haben jedoch immer Maschinen und alles, was darum herum war, fasziniert.

So lernte ich dann auch Automechaniker, habe jedoch nicht lange in diesem Beruf gearbeitet, da ich einfach mehr wollte, als jeden Tag in der Garage nach Zeitvorgaben die Reparaturen und Wartungen durchzuführen. Dort war ich einfach nur noch eine Nummer und das entsprach meinem Traum von Freiheit und Selbstständigkeit überhaupt nicht.

Die Freiheit habe ich dann als Fernfahrer gehabt – jedoch auch den Druck meines Chefs. 1980 heirateten Sigrid und ich. Ich war viel alleine unterwegs und Sigrid war zu Hause. Auch das war nicht die Optimallösung, frisch verheiratet und immer alleine unterwegs ...

Im Herbst 1980 hatte ich dann einen schweren Unfall mit dem Lkw, wodurch zwei Menschen ums Leben kamen. Sigrid und ich haben in dieser Lebensphase eine schwere Zeit durchgemacht.

Nachdem ich einige Jobs durchlaufen hatte, war ich mit 32 Jahren auf der Karriereleiter als Betriebsleiter mit 200 Angestellten in einer Baumwollspinnerei ziemlich oben. Der Job gefiel mir gut, wir hatten eine schöne Familie mit zwei Mädchen und einem Jungen und alles lief bestens.

Da kam eine weitere Lebensprüfung. Die Firma wurde geschlossen und ich erhielt die Kündigung. Ich habe jedoch schnell wieder einen Job als Produktionsleiter in einer Käse-Verpackungsfirma gefunden. Das Umfeld stimmte in dieser Firma jedoch nicht und so wechselte ich 1995 in die Ausbildung für Krisenstäbe im Bereich natur- und zivilisationsbedingte Katastrophen.

So konnte ich meiner Leidenschaft, vor Menschen zu sprechen, schon einmal näher kommen. Diese Arbeit hat mich sehr befriedigt, weil ich damit anderen Menschen viel geben konnte.

Als dann im Jahr 1999 mein Schwager Werner und seine Frau Lissy aus Deutschland mit dem Empfehlungsmarketing begonnen hatten, wusste ich zwar davon, hatte jedoch zunächst kein näheres Interesse daran.

Doch dann haben wir bei unseren Besuchen in Deutschland beobachtet, dass die Autos immer größer wurden, und später passte der amerikanische Luxus-Van nicht einmal mehr auf unseren Parkplatz – irgendwann fragt sich dann auch mal ein Schweizer: „Was geht da vor sich?“

Als wir 2003 dann mit dem Empfehlungsmarketing gestartet sind, hat in meinem Arbeitsumfeld niemand außer mir geglaubt, dass ich mich da mal selbstständig machen könnte. Auf jeden Fall ist zu diesem Zeitpunkt unser Startschuss gefallen. Obwohl das Fieber des Empfehlungsmarketings mich inzwischen völlig gepackt hat, bin ich froh, dass mein Schwager mir die nötige Zeit gelassen und mich nie gedrängt hat.

Meine Frau Sigrid ist in Deutschland aufgewachsen und seit 25 Jahren mit mir verheiratet. Als wir mit Networking starteten, befand sie sich gerade mitten in einer anstrengenden medizinischen Weiterbildung. Natürlich hatte sie deshalb andere Prioritäten und sie muss heute schmunzeln, wenn sie an die Anfänge zurückdenkt. Es kam ihr wohl so vor, als wolle ich mit ihr konkurrieren, indem ich mich auch total ins Zeug legte.

Heute sind wir über unsere gemeinsame Zielstrebigkeit und den unermüdlichen Einsatz sehr froh – es hat sich wirklich gelohnt.

Nach dreieinhalb Jahren bin ich nun soweit, dass ich meinen Hautberuf als Nebenjob mache und gemeinsam mit Sigrid meinen Jugendtraum vom eigenen Chef realisieren kann.

Mit dem inzwischen gemeinsamen Geschäft bauen wir nun eine Zukunft für uns und unsere drei Kinder dadurch auf, dass wir unsere Freunde in unserem Team unterstützen. Kann man sich ein besseres Konzept vorstellen? Indem wir anderen helfen, ihre Träume zu erreichen, werden wir selbst erfolgreich!

Als die Arbeitskollegen dann merkten, dass ich meinen Weg gehe und auch erfolgreich werde, waren die Reaktionen sehr unterschiedlich. Es gab Situationen, in denen mir gewisse Kollegen nicht mal mehr „Guten Tag" wünschten. In einer anderen Situation erhielt ich dagegen Unterstützung und Bewunderung von Seiten meiner Chefs.

Mittlerweile haben wir – als bisher einzige Schweizer dieses Unternehmens – die höchste Position im Marketingplan erreicht und erzielen mit unserem Team einen sechsstelligen Jahresumsatz – und das ohne auch nur ein einziges Produkt verkauft zu haben. Wir freuen uns sehr und sind Gott dankbar, dass wir es nebenberuflich in knapp drei Jahren geschafft haben, wenn man bedenkt, dass man in den meisten Berufen so lange lernen muss.

Unseren Traum von einer persönlichen und finanziellen Freiheit (und nicht bis 65 arbeiten zu müssen) kann nun nichts mehr aufhalten.

Das Leben ist immer wieder eine Herausforderung und sehr spannend.

Walter und Sigrid Hari, Schweiz

Das ist kein Märchen!

Es geht hier um eine Geschichte, die aus dem Märchen „Aschenputtel" sein könnte …

Kurz zusammengefasst: Ein Mädchen wächst mit vier Geschwistern in einer armen Familie auf, der Vater ist Ukrainer, deshalb als heimatloser Ausländer eingestuft und nur als schlecht bezahlter Hilfsarbeiter angestellt – die Mutter ist Deutsche.

Nach der Trennung der Eltern kommen die Kinder in ein Kinderheim und nach der Schulausbildung mit Hauptschulabschluss bekommen alle Geschwister unterschiedliche Lehrstellen.

Das Mädchen, von dem hier die Rede ist, lernt Einzelhandelskauffrau, weil es nie gelernt hat, selbst zu entscheiden, was es eigentlich will. Es hatte nicht den Mut, die Lehrstelle zu wechseln und Krankenschwester zu lernen – was ihr viel mehr lag.

Sie lernte einen jungen Mann kennen, durch den sie erfuhr, dass man die Mittlere Reife nachträglich machen kann, wenn man eine Ausbildung absolviert hat. Kurzerhand meldete sich das Mädchen in der Schule an und bestand nach einem Jahr die Prüfung – zum Erstaunen dieses Mädchens gar nicht besonders schlecht. Daraufhin meldete sie sich an einer Schule an, die zur Erzieherin ausbildet, und siehe da – auch dieser Schulabschluss fiel sehr positiv aus.

Fazit: Man kann alles lernen!!

Mit diesem Wissen ging das Mädchen ihren Weg weiter. Sie machte eine Ausbildung als Lehrerin für musikalische Früherziehung, hatte zehn Gruppen mit je 15 Kindern, wechselte dann in eine mutterlose Familie, um den Vater mit seinen zwei Kindern zu unterstützen. Dann bekam sie einen Job in einem Zeitungsverlag in der Leserserviceabteilung. Das machte ihr sehr viel Freude.

Nach 13 Jahren erforderte der Berufswechsel ihres Lebensgefährten den Umzug in eine andere Stadt und den Antritt einer neuen Stelle: auch ein Zeitungsverlag, aber eine andere Abteilung, nämlich die Anzeigenannahme verbunden mit dem Kundenservice.

Alles schien in bester Ordnung – bis sich herausstellte, dass der Chef dieser Traumstelle ein totaler Choleriker war, der es ihr sehr schwer machte, Spaß bei der Arbeit zu haben. Er schrieb ihr vor, zu welcher Zeit sie zu arbeiten hatte, wann sie in Urlaub gehen konnte und mit der Zeit strich er ihr alle Zuschläge, sodass unter dem Strich – nach über 40 Jahren Arbeitszeit – fast nichts übrig blieb, um sich ein schönes Leben leisten zu können.

Ihr als freiheitsliebendem Menschen war klar, dass sich nur was ändert, wenn *sie* die Initiative ergreift und sich etwas anderes sucht. Doch mit über 50 Jahren ist das besser gesagt als getan – und sie wollte nicht vom Regen in die Traufe kommen.

In dieser Situation kam ein „Engel“ und erzählte ihr etwas von einer Geschäftsidee. Die Produkte interessierten sie sehr, denn diese seelische Pein schwächte ihr Immunsystem so sehr, dass sie häufig krank war. Ein selbstständiges Geschäft traute sie sich jedoch gar nicht erst zu und hörte deshalb nicht genau hin, um was es eigentlich ging …

Ihr damaliger „Engel“ kümmerte sich nicht um sie und sie bestellte keine Produkte mehr, obwohl diese ihr sehr geholfen hatten, gesund zu sein. Nach einem halben Jahr war sie wieder ständig krank.

Zwischenzeitlich hatte sie eine junge Frau kennen gelernt (beim Frauenfrühstück), der sie völlig verschnupft über den Weg lief und die ihr sagte: „Da hab’ ich was für dich …“

Und als sie erfuhr, dass es wieder ein Mittel *dieser Firma* war, von der sie schon mal so tolle Produkte gekauft hatte – und welche Chance *diese Firma* bot, dem Joch des cholerischen Chefs zu entkommen, beschloss sie, die Chance zu ergreifen und ihre „Chefallergie“ loszuwerden und sich für das Leben zu entscheiden, das sie sich immer erträumt hatte.

Dies ist der Beginn einer „Traumreise“. In schlaflosen Nächten malte sie sich aus, wen sie unterstützen könnte (Institutionen, Freunde, Bekannte …), denn Geschenke zu machen erfreute sie sehr.

Dass sie es kann, bewies die Gratulation seitens der Firma, als sie den ersten Schritt auf der Karriereleiter nach nur einem halben Jahr getan hatte. Sie begann, wieder von einem Leben im Überfluss zu träumen und sich vorzustellen, nicht mehr jeden Cent umdrehen zu müssen, wenn ihr etwas gefiel.

Die Mitteilung, dass sie einen Bonusscheck erhält, weil sie ein weiteres Inzentiv gewann, machte ihr sehr deutlich, dass das System funktioniert, dass es *Jeder* schaffen kann, wenn er sich engagiert. Das Geld war schon auf dem Konto – juhu!

… und so geht es weiter und weiter …

Das Beste aber ist, dass es kein Märchen, sondern meine Geschichte ist –

die von Halina Stierle.

Der 3. Frühling

Wir sind Ute Anzer und Bernd Wassner und wohnen gemeinsam in der Nähe von Heidelberg und der Fränkischen Schweiz.

Dass wir in einem Alter, wo andere in Rente gehen, noch einmal mit etwas völlig Neuem starten würden, hätten wir uns vor ein paar Jahren überhaupt nicht vorstellen können. Als wir uns im Jahre 2000 kennen lernten, war Bernd Privatier und langweilte sich und Ute hatte einen Berg Schulden und keine Altersversorgung. Unser „Warum" für eine Neuorientierung war also sehr gegensätzlich. Aber, wir waren beide von der Möglichkeit, eine Veränderung in unserem Leben herbeiführen zu können, fasziniert.

Wie es dazu kam, erzählt nun jeder von uns beiden selbst:

Ich bin Ute Anzer. Eigentlich ist „meine Geschichte" nichts Besonderes, denn das, was mir passiert ist, passiert jedes Jahr vielen Mittelstands-Unternehmern, wenn auch nicht auf die gleiche Weise. Allein im letzten Jahr wurden über 40.000 Betriebe insolvent.

Ich war mehr als 35 Jahre mit Textilpflege-Betrieben selbstständig. Es ging mir viele Jahre lang auch finanziell recht gut, aber – ich habe auch dafür (wie das Wort selbstständig ausdrückt) selbst und ständig gearbeitet.

Durch eine Umweltschutz-Novelle war ich 1992 nochmals zu großen Investitionen gezwungen. Da meine Bank nur zu einer Teilfinanzierung des benötigten Kapitals bereit war, floss meine private Altersvorsorge ins Geschäft und einen gesetzlichen Rentenanspruch hatte ich nicht. Meine finanzielle und damit meine persönliche Situation verschlechterte sich: Die Umsätze verringerten sich und die Kosten stiegen. Ich musste Mitarbeiter entlassen und deren Arbeit selbst übernehmen. Ich arbeitete „rund um die Uhr", musste aus Zeitnot jegliche Freizeit-Unternehmungen absagen, die Lebensqualität blieb auf der Strecke. Natürlich war ich auch bald total überlastet.

Je länger das andauerte, desto „nachdenklicher" sah ich in die Zukunft. Nicht, dass ich mir um *mich* wirkliche Sorgen gemacht hätte, ich wusste ja, ich konnte etwas leisten, hatte viel Erfahrung und war bereit, Aufgaben zu übernehmen. Eine Tätigkeit als Angestellte scheiterte an meiner Überqualifizierung – im Klartext: an meinem Alter. Mit Ende 50 „rechnet" man sich nicht mehr, das ist eine Erfahrung, die ich mit vielen Menschen teile.

So begann ich mich umzusehen und nach einer Alternative zu suchen. Ich habe viele Angebote geprüft und ... verworfen.

Im Januar 1999 lernte ich ein Network-Unternehmen kennen, das ein Konzept anbot, mit dem ich ohne Geldeinsatz und daher ohne Risiko starten konnte. Ich wusste sofort: Das ist es, das ist meine Chance. Zu meiner damaligen beruflichen Belastung habe ich mich noch „nebenbei" für das neue Geschäft eingesetzt und mir so zunächst einmal ein zweites Standbein geschaffen. In nur wenigen Monaten konnte ich mir ein passives Einkommen, eine Rente, sichern, für die andere ein Leben lang arbeiten müssen.

Eine indianische Weisheit sagt: Wenn dein Pferd tot ist, dann steige ab.

Folgerichtig begann ich darüber nachzudenken, wie sich mein Leben gestalten könnte, wenn ich die Belastungen durch meine Geschäfte nicht mehr hätte und in Vollzeit meiner neuen Selbstständigkeit nachgehen würde. Das Ergebnis müsste überdurchschnittlich sein, wenn ich schon mit einem Einsatz von wenigen Stunden in der Woche „gutes Geld" verdiente. Ich entschied mich für einen Neubeginn.

Im Laufe von anderthalb Jahren trennte ich mich von meinen letzten Geschäften und wickelte alles korrekt ab. Niemand erlitt einen finanziellen Schaden, die Arbeitsplätze blieben erhalten, die Kredite der GmbH übernahm ich als private Verbindlichkeiten.

Genau an meinem 60. Geburtstag war ich „frei" – mein Schuldenberg belastete mich nur wenig, denn ich war mir sicher, dass ich erfolgreich sein würde und meinen Tilgungsplan erfüllen könnte.

Heute kann ich sagen: Es war die einzig richtige Entscheidung. Nicht nur, dass ich meine Probleme bewältigt habe – ich habe auch meinen Traummann und Lebenspartner gefunden. Dreißig Jahre lang kannte ich seinen Namen und seine Apotheken, denn er war eine bekannte Persönlichkeit in meinem Umfeld. Dreißig Jahre lang waren wir fast zeitgleich weltweit an denselben Plätzen – doch wir sind uns nie persönlich begegnet. Dann trafen wir uns auf einem Event unseres Unternehmens in Heidelberg und ich fühlte: Das ist der Mann, mit dem ich alt werden möchte.

Mein Name ist Bernd Wassner. Ich bin Jahrgang 1939, Apotheker mit Heilpraktiker-Ausbildung. Noch während meines Pharmazie-Studiums erbaute ich mein erstes Haus und eröffnete 1965 darin meine erste Apotheke, der weitere im Laufe der nächsten zehn Jahre folgten.

Von Anfang an interessierten mich alternativ sanfte, natürliche und traditionelle Heilmethoden. Darin habe ich mich ständig weitergebildet. Meine beruflichen Schwerpunkte wurden: Homöopathie, Akupunktur, orthomolekulare Medizin und (damals schon) Ernährungsberatung. Aus diesem Wissen entstand die Formulierung von mehr als 100 eigenen Homöopathie- und Vitalstoff-Präparaten. Meine Frau war auch Apothekerin und wir führten unsere Apotheken überaus erfolgreich, hatten großen Zulauf und waren überregional bekannt.

Im Laufe unseres Berufslebens konnten wir vielen Menschen wirkungsvolle Hilfen und Ratschläge im Gesundheitsbereich geben. Doch als meine Frau an Alzheimer erkrankte, waren wir hilflos. Es begann ein zehn Jahre lang andauernder Leidensweg.

Ich betreute und pflegte meine Frau selbst. Zusätzlich übernahm ich die kaufmännische Leitung und den Nachtdienst für die Apotheken und suchte immer nach Möglichkeiten, ihr ein bisschen Freude zu bereiten. Die körperlichen und seelischen Belastungen führten schließlich dazu, dass ich selbst völlig erschöpft war und sie (auf dringenden Rat meines Arztes) einem Pflegeheim anvertraute.

Das Gerede der Leute, dass ich meine Frau nun „abgeschoben“ hätte, gab mir den Rest, und nach ihrem

Tode 1997 erkrankte ich selbst lebensgefährlich. Nach langem Klinik- und Reha-Aufenthalt kehrte ich ins Leben zurück. Dann verkaufte ich die Apotheken und lebte als Privatier und Weltreisender. Durch diese Ablenkungen hoffte ich, mein seelisches Tief zu überwinden. Auf Dauer war dies für mich aber auch nicht befriedigend und ich langweilte mich.

Als eine ehemalige Kundin mich bat, die Formulierungen von Vitalstoff-Produkten eines amerikanischen Network-Unternehmens zu beurteilen, war ich von deren Qualität begeistert und nutzte sie für mich selbst. So lernte ich im Februar 2000 auf einem Treffen in Heidelberg die Gründer dieser Firma kennen und schätzen. Ich war nicht an Networking, sondern zunächst lediglich an den Produkten dieses Unternehmens interessiert, denn sie erfüllten alle meine kritischen Erwartungen an eine hohe und naturnahe Qualität. Die damit verbundene Geschäftsgelegenheit war für mich nicht wichtig, meine Existenzgrundlage war ja ausreichend gesichert. Auf eben diesem Event begegnete ich auch meiner heutigen Lebenspartnerin Ute. Sie erzählte mir von vielen Menschen und ihren Schicksalen. Sie selbst war auch in eine unverschuldete Misere geraten, mit der sie sich nicht abfinden wollte und gegen die sie mutig und zielstrebig ankämpfte.

Dadurch begriff ich, dass auch ich mit dieser Möglichkeit mir und vielen anderen Menschen eine neue Lebens-Perspektive geben konnte. Denn Menschen zu gesundheitlichem Wohlbefinden und finanziellem Wohlstand zu verhelfen, ist eine außerordentlich beglückende Tätigkeit. So habe ich für mich wieder eine sinnvolle und befriedigende Herausforderung sowie erneute Betätigung und Bestätigung gefunden.

Weder Ute noch ich waren auf Partnersuche. Durch viele Gemeinsamkeiten, gleiche Interessen und Erwartungen an das Leben, gleiche Zielsetzungen und nun auch durch eine gemeinsame Arbeit fühlten wir uns sehr miteinander verbunden. Durch unsere Partnerschaft kam auch die Lebensfreude zurück und ich bin dankbar für diesen wunderbaren „Zufall".

Wir haben schon lange die vorläufig höchste Stufe im Karriere-Plan unseres Unternehmens erreicht. Unsere Aufgabe besteht nun darin, unseren Team-Partnern zu helfen und sie so zu unterstützen und zu fördern, dass auch sie ihre Ziele im Leben erreichen.

Zeit ist für uns etwas sehr Kostbares. Wenn man in unserem Alter dem Menschen begegnet, mit dem man leben und alt werden möchte, dann verändern sich die Prioritäten. Wir möchten so viel Zeit wie nur möglich miteinander verbringen und sie für die Dinge einsetzen, die uns beiden wichtig sind. Das können wir mit dieser Tätigkeit ideal vereinen.

Heute leben wir sorglos, denn „unsere Renten sind sicher!" Unseren Ruhestand genießen wir als „aufregenden Unruhestand", denn wir können das tun, was uns Freude macht. Das kommt unserer Vorstellung von einem gesicherten Lebensstil und einem erfüllten Leben sehr nahe.

Ute Anzer & Bernd Wassner

Undercover-Networking

Ich schreibe hier über eine liebe Freundin und Firstlinerin von mir – ich glaube sie weiß nichts davon … Ihr Name ist Ines – selbstständig als Hundefriseurin – verheiratet mit Rainer und Mutter einer 22-jährigen Tochter.

Ines war mein erstes „Opfer". Ich hörte freitags von der Geschäftsmöglichkeit und samstags stand ich bei ihr vor der Tür mit den Worten: „Ines, wir werden Millionäre!" Ihre Reaktion war so einfach wie auch beigeisternd: „Prima, das wollte ich immer schon mal werden – was soll ich tun?" Ja, so wünscht man sich das …

Nun, wir hatten beide keine Ahnung, wie das Geschäft überhaupt wirklich funktioniert, aber unsere gegenseitige Euphorie ließ uns einfach losziehen. Unser Baum wuchs, jeden Tag kam Ines nach der Arbeit bei mir vorbei und schon am Gartentor wedelte sie mit den neuen ausgefüllten Bestellscheinen und schrie: „Kannst du die mal faxen." Wir schrieben ein wie wild und verloren genau so wild Leute aus den Vormonaten. Wer kennt das nicht.

Hilfe musste her und zwar schnell – unsere Begeisterung war zwar ansteckend, aber ausbilden konnten wir die Leute nicht. Wir kauften uns CDs und Bücher, trafen uns täglich – aber immer nur bei mir. Wieso eigentlich? Irgendwann kam Ines mit der Wahrheit um die Ecke: „Ich habe dem Rainer von der Geschichte erzählt – es war eine Katastrophe. Ich soll bloß mit dem Quatsch aufhören und meine Freizeit lieber in den Haushalt stecken. Überhaupt sind die Produkte viel zu teuer und brauchen tut die auch niemand."

Bei den meisten NetworkerInnen endet hier ihre Karriere – nicht so bei Ines. Unsere Begeisterung und auch die Überzeugung für die Sache waren so groß, dass wir beschlossen, heimlich weiterzuarbeiten. So entstand unser Undercover-Networking. Das sah dann im Detail so aus: Wir trafen uns nach Möglichkeit bei mir, Gespräche und Telefonate fanden ebenfalls bei mir statt. Wenn ich bei Ines war, überlegten wir uns vorher ein Thema, über das wir sprechen konnten, für den Fall, dass Rainer unvermittelt den Raum betrat – was wir leider oftmals in die Tat umsetzten mussten.

So arbeiteten wir weiter – ein ganzes Jahr lang. Aber Ines' Downline wuchs und hatte Fragen und Bedürfnisse, zudem gab es so viele tolle Seminare an den Wochenenden, an denen Ines auch teilnehmen wollte – aber Rainer durfte ja nichts wissen – es ließ sich nicht weiter herauszögern: Wir mussten Rainer reinen Wein einschenken, besser noch, wir mussten ihn mit ins Boot nehmen. Aber wie?

Nach einigen gescheiterten Versuchen kam uns die rettende Idee. Wir hatten einen befreundeten Arzt für einen Vortrag über Nahrungsergänzung in unsere Stadt eingeladen – 90 Leute hatten zugesagt. Der Plan reifte: „Wenn wir Rainer dahin bekommen, wird er verstehen, warum jeder Nahrungsergänzung nehmen sollte und warum somit auch das Geschäft ein berechtigtes Potenzial besitzt."

Ich ging in die Offensive: „Rainer, wir haben übermorgen ein Seminar mit einem Arzt und ich finde in der Kürze keinen mehr, der das ganze Seminar filmen kann – du hast doch eine Kamera – könntest du nicht ausnahmsweise filmen?"

Nach einigem Hin-und-her-Winden sagte er zu. Was soll ich sagen, der Plan ging auf. Heute ist Rainer ebenso begeistert wie seine Frau Ines und die beiden wachsen langsam zu einem tollen Team zusammen. Wenn wir heute an die damals stressige Zeit zurückdenken, müssen wir uns vor Lachen die Bäuche halten. Na ja, schlussendlich wird ja wohl doch alles gut. Und die Moral von der Geschichte: Mögen die Steine in euren Wegen auch noch so groß sein, irgendwann rollen sie ganz von alleine auf die Seite …

Petra Hansen

Family-Business

Zu meiner Person: Ich heiße Brigitte Porschen, bin 50 Jahre alt und seit fast 31 Jahren mit meinem lieben Mann Norbert verheiratet. Wir haben zwei Töchter: Nadine ist 26 Jahre alt und von Geburt an geistig und körperlich behindert, Nadja ist 24 Jahre alt.

Nach der Geburt der beiden Töchter war ich zehn Jahre Hausfrau und habe dann in einer Schule für geistig Behinderte als Schulsekretärin wieder den Anschluss an das Berufsleben gefunden.

Norbert hat seit seinem 20. Lebensjahr als Glasermeister im elterlichen Betrieb gearbeitet. Nachdem der Bruder den Betrieb übernommen hatte, war er als Angestellter weiterhin im Betrieb tätig. Die Situation wurde jedoch für ihn mit der Zeit unerträglich, da die Brüder charakterlich grundverschieden sind.

Deshalb haben wir vor elf Jahren den Schritt in die Selbstständigkeit gewagt. Sechs Jahre später pachteten wir einen etwas heruntergewirtschafteten Betrieb, dann verkauften wir unser Einfamilienhaus, zogen in ein Haus zur Miete und bauten eine neue Gewerbehalle.

Das Wohl seiner Mitarbeiter und die Zufriedenheit der Kunden stehen bei Norbert immer an erster Stelle – das war auch schon im elterlichen Betrieb so. Für die Familie und sich selbst bleibt keine Zeit (kein Wochenende und kein Urlaub). Hohe Ansprüche an sich selbst und ein Arbeitstag von mindestens 13–14 Stunden sind die Regel.

Ich arbeite mit 17 Wochenstunden weiter in der Schule, ansonsten erledige ich bis ca. 18.00 Uhr die Büroarbeiten in unserem Betrieb – danach kommt noch die Hausarbeit. Den Ansprüchen der behinderten Tochter gerecht zu werden, stellt dann eine echte Herausforderung dar, da die Gesprächsinhalte und Wortwahl dem Niveau eines 4–5-jährigen Kindes angepasst werden müssen. Wir können uns also über mangelnde Arbeit bzw. Aktivität nicht beschweren.

Vor ca. zwei Jahren las ich ein Buch von Bärbel Mohr: „Bestellungen beim Universum". Das hat mir so gut gefallen, dass ich sofort mit dem Bestellen begann, denn Träume zu haben, ist, wie ich heute weiß, sehr wichtig.

Nun muss man, wie Bärbel Mohr sagt, auch aufpassen, wenn geliefert wird. So habe ich dann, als ich von der genialen Geschäftsmöglichkeit im Network-Marketing hörte und die Produkte des Unternehmens, mit dem ich seit dem Zeitpunkt zusammenarbeite, kennen lernte, sofort erkannt: „Das ist die Lieferung!" Das war im Oktober vor zwei Jahren. Seitdem hat sich unser Leben total verändert, denn Krankheiten und Wehwehchen in unserer Familie schlichen sich aus und die finanzielle Perspektive hat uns in den Tagen, während denen es in der Glaserei nicht so gut ging, motiviert, durchzuhalten.

Unsere Tochter Nadja ist 24 Jahre alt. Sie fiel nie durch provozierendes Verhalten oder auffallende Kleidung auf. Ihre zurückhaltende, abwartende Art ersparte ihr auch manche Auseinandersetzung. In Gesellschaft hörte sie lieber den anderen zu, anstatt sich selbst mit ins Gespräch einzubringen. „Nur nicht auffallen!“ war ihre Lebenseinstellung.

Vor zwei Jahren lernte sie zusammen mit uns ein Networkunternehmen kennen. Es waren die letzten Monate ihrer Ausbildungszeit. Sie litt unter Mobbing auf der Arbeit und nur durch lange Gespräche und gutes Zureden hielt sie bis zur Prüfung durch.

In dieser Zeit begannen wir damit, Bücher über Network-Marketing zu lesen und CDs zu hören über die verschiedenen Wege zum Erfolg. Fast zeitgleich fielen uns auch Bücher wie „Die geistigen Gesetze“ von K. Tepperwein in die Hände.

Nadja entwickelte theoretisch ein großes Wissen über die Wege zum Erfolg. Sie wurde immer kühner mit ihren „Bestellungen beim Universum“.

Bei Gesprächen hielt sie sich jedoch weiter sehr zurück. Selbst ihre Freundinnen wussten nicht, womit sie sich beschäftigte, geschweige denn, dass sie ein Geschäft im Empfehlungsmarketing aufbaute.

Sie nahm zusammen mit meinem Mann und mir an verschiedenen Seminaren teil und dies veränderte ihr Verhalten positiv. Sie wurde selbstbewusster und traute sich auch, in einer Gruppe das Wort zu ergreifen.

Ihr damaliger Freund bemerkte die Veränderung und kritisierte sie und auch uns. Es kamen Vorwürfe wie: „Das ist doch eine Sekte“ oder ähnliche Aussagen. Auf einem Event traute sie sich nicht mehr zu applaudieren, weil sie sofort strafende Blicke und böse

Bemerkungen erhielt. Der ganze Tag, auf den sie sich schon lange gefreut hatte, war verdorben.

Die Auseinandersetzungen häuften sich und sie war ständig in der Verteidigungsposition. Als Eltern haben wir ihr Bemühen, sich anzupassen, mit Sorge beobachtet, und unser Ratschlag war dann auch: „Verbieg dich nicht! Bleib dir selbst treu und geh deinen Weg!“

Das hat sie dann auch kurze Zeit später getan und ist ihren Weg alleine weitergegangen.

Nachdem die Ausbildung erfolgreich abgeschlossen war, kündigte sie, und ihr großer Wunsch, in unserem Handwerksbetrieb anzufangen, ging in Erfüllung.

Zu der Zeit arbeiteten vier Gesellen, ein Glaskünstler mit einer halben Stelle und ein Auszubildender in unserem Betrieb – und schließlich auch Nadja. Sie erledigte nicht nur die Buchführung, sondern lernte ganz neu. In einem kleinen Unternehmen muss jeder alles können: vom Beraten der Kunden bis zum Rechnungen schreiben.

Schnell entwickelte sie ein Gefühl dafür, welche Menschen zu uns passen und welche uns und besonders auch unserem Betrieb schadeten. Wir wollten das lange nicht einsehen, weil wir die Menschen ja schließlich seit Jahren kannten und wie unsere Freunde behandelten. Die Auseinandersetzungen zwischen Nadja und uns häuften sich. Es kam nicht selten zu Streitgesprächen, bei denen einer von uns wutentbrannt den Raum verließ.

Die finanzielle Situation in der Firma spitzte sich zu – wir mussten handeln.

Es dauerte fast ein Jahr, bis wir zuerst den Glaskünstler mit der halben Stelle entließen; dann trennten wir uns von unserem langjährigen Steuerberater, der seiner Pflicht nicht ordnungsgemäß nachgekommen war und uns fast in die Insolvenz getrieben hätte. Im Laufe des Winters wurden zwei weitere Mitarbeiter entlassen.

Nadja und wir nahmen nur das Allernötigste zum Leben aus der Firma und so schafften wir es, dass die Firma überleben konnte. Sie übernahm nicht nur einen Großteil der Büroarbeiten, sondern ging auch im Betrieb zur Hand. Selbst an einem „Tag der offenen Tür", an dem mein Mann und ich nicht teilnehmen konnten, bewältigte sie bravourös den großen Besucherandrang.

Gemeinsam schafften wir einen Neuanfang.

Unser Networking-Geschäft haben wir nie aus den Augen verloren, auch wenn unsere Hauptaufmerksamkeit noch auf unserer Glaserei liegen musste.

Wir haben mit großer Freude die Meetings, Events und Akademien besucht und dabei eine Menge neuer Erkenntnisse gewonnen, besonders interessieren uns die größten Charakterstärken von Führungskräften. Diese Erkenntnisse haben wir dann als erste in unserer Glaserei umsetzen können.

Im April 2006 fuhren wir nach Berlin zu einem großen Event. Das letzte Geld wurde zusammengekratzt und so übernachtete unser kleines Team im Etap-Hotel. Im gleichen Hotel wohnte eine Gruppe aus Kiel. Vor dem Abendprogramm legte eine Freundin für alle die Karten und meinte zu Nadja: „Heute Abend findest du deine Liebe! ... Ich sehe schon Hochzeitsglocken."

Wir glaubten es nicht und lachten. Doch sie hatte Recht. Wie ein Blitz schlug die Liebe ein. Eine Wochenendbeziehung kam nicht in Frage, deshalb zog Nadja zwei Monate später mit Sack und Pack Richtung Kiel. Nachdem sie sich häuslich niedergelassen hatte, wurden zwei Bewerbungen geschrieben. Am nächsten Tag wurde bereits ein Vorstellungstermin vereinbart und eine Woche später konnte sie anfangen. Es ist ein moderner mittelständiger Betrieb mit 35 Mitarbeitern. Als sie gefragt wurde, ob sie sich zutrauen würde, den Arbeitsbereich selbstständig zu leiten, bejahte sie dies ganz fest.

Nach einer Woche bekam sie ein tolles Kompliment: „Sie sind ein Glückstreffer für unseren Betrieb!"
Vor zwei Jahren wäre dies undenkbar gewesen.

Nadja antwortete Folgendes, als ich ihr gemailt habe, dass ich unsere Geschichte für dieses Buch aufschreibe:

„Wir sind nicht nur als Personen gewachsen, sondern unsere Familie wurde richtig zusammengeschweißt. Ich wohne jetzt ca. 600 km von Mutter, Vater und Schwester entfernt, aber ich fühle mich ihnen so nah wie nie zuvor.

Und das haben wir hauptsächlich dem Network und den Trainings mit dir Dirk zu verdanken. Du hast uns immer genau das Thema gesagt, das für uns aktuell ist. Und wir haben es umgesetzt. Du hast uns genau im Herzen getroffen.

Ich danke dir.

Nadja"

In ihrem Empfehlungsmarketing-Geschäft wird sie jetzt auch durchstarten, denn der wichtigste Grundstein ist schon gelegt: die Persönlichkeitsentwicklung!

Networking hat das Leben unserer Familie komplett verändert. Die Begeisterung wird genauso wie unser Team ständig größer und wir wissen, dass in absehbarer Zeit ein schöneres Leben nicht mehr ein Traum bleiben wird.

Brigitte Porschen

Der Architekt, der nicht nur Häuser plant

Ich bin Apotheker und habe lange dafür gelernt/studiert und mir einen Plan für die Zukunft gemacht. Am 03.03.2004 sagte dann mein Innenarchitekt bei einer Planungsbesprechung für den Apothekenumbau: „Nachher möchte ich Ihnen noch ein anderes Konzept vorstellen."

Meine Gedanken waren nur kurz dabei, zu erfragen, was er wohl meinte – dann gleich wieder beim Umbau, der mittlerweile direkt bevorstand. Außerdem hatte ich zu diesem Zeitpunkt noch den Abschluss der Betriebsprüfung und meine Mutter lag unmittelbar im Sterben. Sie war erst 64 und hatte uns drei Jungs allein in Liebe großgezogen. Emotional war ich also aufgerührt – auch weil ich für meine Frau und Kinder entgegen unseren Zielvorstellungen in den letzten Jahren immer weniger Zeit hatte. Das übliche Hamsterrad ... aber was will man tun?!

Meine Apotheke hatte ich nun sechs Jahre und sie lief sehr gut, meine Gedanken kreisten fast nur noch um diesen geschäftlichen Bereich. Aber mit der Vorstellung des „anderen" Konzeptes am Ende der Besprechung bahnte sich ein neuer Abschnitt in meinem Leben an, den ich mir nie hätte erträumen können. Dazu später mehr ...

Einige Punkte aus meinem Leben vor diesem Tag sind mir in deutlicher Erinnerung. Zunächst eine Situation kurz vor meinem 16. Geburtstag. Ich wollte von zu Hause abhauen. Die Koffer waren gepackt und mein Traum war es, Surflehrer auf Hawaii zu werden. Irgendwie habe ich es dann aber doch nicht gemacht …

Später begrub ich meine Träume aufgrund mittelmäßiger Abiturnoten und des fehlenden Eigenkapitals und hörte auf den Ratschlag meiner Eltern: „Eine Banklehre tut dir gut, das kann man immer gebrauchen."

Nach dieser Ausbildung machte ich mit meinem Pharmaziestudium noch einen praktischen Schritt, um die elterliche Apotheke zu übernehmen.

Nun kamen mit meiner Frau nicht nur unsere Kinder dazu, sondern auch neue Sichtweisen in Bezug auf das Leben. Bisher glaubte ich nur, was ich gesehen hatte. Jetzt bekam ich einen Einblick in die Welt des Glaubens, der lebendig ist und mit Freude gelebt werden kann. Hier liegt seitdem meine Zuversicht, die ich in früheren Jahren vermisst hatte.

Jetzt zurück zum 03.03.2004 in die Business-Welt, in der sich so viel um Geld, Strategie und Planung dreht, aber wenig Platz für Emotion und Pflege von Beziehungen ist. Ich hatte beim Verlauf der Sitzung sein „anderes Konzept" vergessen, mein Innenarchitekt jedoch nicht. Während seiner Vorstellung suchte ich nach dem Haken, schließlich hatte ich vermeintlich gleiche Systeme schon kennen gelernt und konnte dann auch die „Unschlüssigkeit" aufzeigen. Hier jedoch ergab sich ein schlüssiges Bild, dessen Umsetzung ich mir zutraute und dessen Nutzen phänomenal wäre, wenn es denn praktisch zu verwirklichen ist. Dazu musste ich jedoch erst mal meine Frau von dem neuen Geschäft überzeugen.

Sie entgegnete, dass ich ja dann noch weniger Zeit hätte. Ich versprach ihr, dass eben mehr Zeit für sie und die Familie meine Motivation sei, hier zu starten. Denn mit der bisherigen Selbstständigkeit hatte die freie Zeitgestaltung ja nicht funktioniert.

Nach meiner Frau rief ich meinen Schwiegervater und guten Freund an, der mir auch bisher als Unternehmensberater Hilfestellung gab. Er empfahl mir die Firma und die Hintergründe des Konzeptes zu prüfen und lud mit mir gemeinsam Freunde und Bekannte für einen Abend ein. Bei diesem Termin stellte mein Innenarchitekt (mittlerweile sind wir befreundet) nochmals das Konzept und die damit verbundenen Möglichkeiten vor. Meine Frau hatte eine Freundin und Mitarbeiterin aus der Apotheke informiert, dass ich etwas Neues vorhatte.

Sie ist an dem Abend mit einigen anderen Anwesenden zur „Keimzelle" für unser Netzwerk von selbstständigen Partnern im Network-Marketing geworden, das uns seitdem fasziniert und begeistert. Die Freiheit der Entscheidung des Einzelnen und die unterschiedlichen Möglichkeiten für jeden sind klasse. Da wir hier ohne Druck arbeiten und es nicht notwendig ist, berufliche Qualifikationen des Gegenübers abzufragen, sondern einfach gemeinsam die Ziele jedes Einzelnen abstecken und auf deren Erreichung hinarbeiten, ist diese Arbeit nicht nur für mich eine Freude.

Mit Vorurteilen anderer lern(t)e ich umzugehen, verschiedene Sichtweisen sind zu akzeptieren. Menschen, die mich von außen betrachten, sehen meist nur den Apotheker, dem „Probleme" aufgrund der finanziell tollen Position ein Fremdwort zu sein scheinen. Ich stelle immer wieder fest, dass auch ich in diesem Schubladendenken gelernt habe – und es macht mehr und mehr Spaß, die Menschen hinter der Fassade zu erleben und zu verstehen.

Nach nunmehr zwei Jahren habe ich hier meinen dritten Beruf erlernt – ja sogar schleichend mein Hauptengagement auf mein zunächst zweites Standbein verlegt.

Aufgrund unseres Umsatzwachstums sind unsere Ziele jetzt mit diesem Team von Bekannten/Freunden unmittelbar vor der Realisierung: die Unabhängigkeit von Ort und Personen, um unser Leben frei zu gestalten mit Menschen, die uns am Herzen liegen; materielle Dinge als zweitrangig zu erfahren und den Wert des Lebens mehr erkennen und transportieren zu können ... Antworten auf die Frage zu haben: „Was haben andere Menschen davon, dass es mich gibt?"

Ich bin nun selbst gespannt, wie sich alles weiterentwickelt ...

Markus Diesing

Herzensweg

Ich gehöre zu den Menschen, die Märchen lieben. Diese *schöne* Art von Märchen, in denen das Unrecht überwunden wird, das Gute siegt und am Ende ein Glücksgefühl der Harmonie und Gerechtigkeit im Herzen Einzug hält ...

Schon als kleines Mädchen habe ich Unrecht an Mensch und Tier regelrecht als körperlichen Schmerz empfunden und verabscheut. Die menschliche Gier, die sich oft in der Zerstörung der natürlichen Harmonie gezeigt hat, war für mich ein Gräuel. Ich erfuhr von der Zerstörung des Regenwaldes, dem Töten von unschuldigen Tieren – und je größer ich wurde auch mehr und mehr von der menschenverachtenden Vorgehensweise mit Naturvölkern, Armen und Schwachen ...

Ich hatte immer mehr das Gefühl, dass hier auf dieser Welt vieles anders werden müsste. Ich träumte oft, dass eine gute Fee zu mir käme und ich drei Wünsche offen hätte. Der erste war immer, dass ich selbst auch zaubern kann, damit ich allen anderen Menschen und Tieren auch helfen könnte. Und mein Traum von der kleinen „heilen Welt" um mich herum war immer der gleiche. Ich wollte später, wenn ich mal groß bin, auf dem Land leben. In einem alten Bauernhaus mit einem großen Garten, in der Nähe des Waldes. Um mich herum meine Familie, meine Kinder. Mit dabei die Hunde, Katzen und Pferde. Und alle sind miteinander glücklich. Die Menschen lachen, helfen einander und vertrauen sich. Gelebte Harmonie. Gelebte Liebe und Freude. Klingt das kitschig? Mag sein, dass es so klingt – es fühlte sich für mich jedenfalls sehr gut an.

Ja – und dazu gehörte auch das Rumreisen und Helfen. Den unschuldig Leidenden z. B. in Indianerreservaten, Kinderheimen, Tierheimen, Gorillastationen, dem Regenwald ... am liebsten überall auf der ganzen Welt ... Ganz klar, dass DAS in der WIRKLICHKEIT nicht ging ...

Aufgewachsen bin ich in der DDR. Und ich habe tatsächlich lange daran geglaubt, dass es mir hier viel besser geht und ich beschützter bin – auch durch die Mauer und den „großen roten Bruder“, die Sowjetunion. Dieses Gefühl von Sicherheit und Geborgenheit ging im Laufe der Jahre mit vielen Lebenserfahrungen immer mehr verloren – und damit auch der Glaube an das Gute im Menschen, an ein Gesellschafts- oder Wirtschaftssystem, das ehrlich und wirklich FÜR den Menschen zu wirken in der Lage ist ...

Seit meiner frühen Kindheit spielte ich Klavier. Ich erhielt eine der besten Ausbildungen in einer der vier Kaderschulen für Musiker in der DDR. Das hieß jedoch auch: adieu Kindheit. Mein Alltag bestand aus Klavier üben, Schule, Klavier üben, Schule, Leistung bringen ... Jahr für Jahr. Damit war auch die Lebensplanung von meinem 11. Lebensjahr an klar: Musik ... und die Zeit fürs Träumen wurde immer seltener. Irgendwann im Alter von 32 Jahren wurde mir schlagartig bewusst, dass ich mich inmitten eines Lebens befand, was nichts mit dem zu tun hatte, das ich mir als kleines Mädchen ganz früher erträumt hatte. Wenn ich mal groß bin, dann ...

Ich hatte einen wundervollen Mann und zwei wundervolle Kinder und war als selbstständige Pianistin Tag und Nacht damit beschäftigt, herumzufahren und Geld zu verdienen. Dazu kam, dass mein Mann Christian ebenso wie ich als selbstständiger Musiker Geld verdiente. Wir hatten viele gemeinsame Projekte, die uns auch Spaß bereiteten, und wir waren beide viel fort von zu Hause. Der Markt wurde jedoch mit der Öffnung der EU-Grenzen immer enger, die Kultur verlor nach der Wende und dem Fall der Mauer immer mehr an Wert und wurde zu einer Dienstleistung wie Autos reparieren oder Speisen servieren.

Zwar waren die Kinder dank meiner Eltern immer gut versorgt, aber das Herz einer Mutter blutet trotzdem, wenn sie nicht bei der Entwicklung der Kinder dabei sein kann ...

Unser Beruf fraß uns im wahrsten Sinne des Wortes auf und ließ keinen weiteren Sinn im Leben zu als das Funktionieren, um Geld zu verdienen. Das taten wir dann auch – wir funktionierten. Und mit der Zeit unter immer größeren Opfern. Wo war die Zeit für Familie, das gemeinsame Lachen, das Helfen, die „heile Welt", das eigene Haus, Garten, Tiere ... die Harmonie? Ja es kam noch schlimmer, denn durch den alltäglichen Druck litten auch unsere Beziehung und unsere Gesundheit. Es schien, als hätten wir kein Lebenskonzept mehr und würden nur noch von Tag zu Tag ... Jahr für Jahr gelebt werden.

Wie lange würde das noch gut gehen? Und tatsächlich, es kamen schon die ersten aufrüttelnden krankheitsbedingten Ausfälle. Und das hieß: Wenn unser Körper nicht mehr so funktionierte, dass wir auf Veranstaltungen spielen konnten, gab es auch keine Gage.

Über einen längeren Zeitraum bedeutete dies die pure Existenzangst. DAS konnte es wohl nicht wirklich sein!

Mir war auch klar, dass nicht ewig damit zu rechnen war, dass die Agenturen mich als Pianistin buchten. Ich bin eine Frau – und gerade in dieser Branche kommt es vordergründig darauf an, jung und gut aussehend zu sein – oder eben gaaanz berühmt, wenn „Frau" weiterhin gebucht werden möchte. Ich wollte auch nie in meinem Leben hören, dass jemand sagt: „Holt doch mal die alte Frau von der Bühne."

Es musste also etwas anders werden, damit es besser werden konnte. ABER WAS?

Wir waren als Musiker beide sehr kreativ und freiheitsliebend. Wir liebten das Eintauchen in die Musik. Wir konnten uns beide nicht vorstellen, einen „normalen" Beruf auszuüben. Und wenn überhaupt, dann welchen? Ein Leben als „Arbeitnehmer" fiel aus vielen Gründen aus. Doch wir kannten die Lage auf dem Markt aus langen Jahren Selbstständigkeit genug, um zu wissen, dass wir eigentlich auch diese Ellenbogenmentalität und das Rund-um-die-Uhr-Arbeiten und Funktionieren nicht mehr wollten ...

Wir waren verzweifelt und sehr offen für Alternativen. Auch für unsere körperliche, seelische und finanzielle Gesundheit mussten wir dringend etwas tun, wenn wir auch in einigen Jahren noch optimistisch ins Leben schauen wollten.

Ihr ahnt es schon: Jetzt kommt die große Erlösung – der Hauptgewinn für uns. Wir haben tatsächlich Menschen kennen gelernt, denen es ähnlich ging und die ihr Leben wirklich neu begonnen haben. Solche Menschen kannten wir vorher noch nicht. Sie gaben uns alles an Wissen weiter, was sie hatten, um uns zu fördern. Sie lebten uns vor, dass es möglich ist, aus tiefen Lebenskrisen wieder herauszukommen. Wir vertrauten ihnen von ganzem Herzen. Zwei davon wurden regelrecht zu einer Art „Adoptiveltern" für uns.

Wir haben tatsächlich in dieser Notsituation DAS kennen gelernt, wovon ich als kleines Mädchen geträumt habe. Ein Wirtschaftssystem, welches die Grundlage dafür legt, dass es Menschen körperlich, seelisch, sozial und finanziell besser geht. Ein System, das unterstützt, dass Menschen sich umeinander kümmern und in *Menschen* investieren, nicht in Äußerlichkeiten.

Die Gründer der Firma, mit der wir nun zusammenarbeiten, hatten auch einen Traum – eine Vision – wie ich früher. Nur: Sie haben Wege gefunden, sie umzusetzen, indem sie sich dafür entschieden haben, in ein Wirtschaftssystem, das „Network-Marketing/Empfehlungsmarketing", zu investieren, das eine neue Möglichkeit darstellt, Geld im Wirtschaftskreislauf zu verteilen. Ich habe begriffen, dass in der Wirtschaft *immer* Geld fließt. Das muss so sein, sonst funktioniert sie ja nicht. Die Frage ist tatsächlich: *WIE wird dieses Geld verteilt?* Und: *WAS wird damit gefördert*? Das entscheidet über Ethik, Qualität, Umgang miteinander etc.

Für uns war es ein absolut einschneidendes Erlebnis, die Gründer dieser Firma persönlich kennen zu lernen, ihnen in die Augen zu sehen und zu spüren, was der Ursprung einer solchen gelebten Vision ist.

Mittlerweile haben wir sie schätzen und lieben gelernt. Die Freundschaft solcher Menschen ist die beste Begleitung auf dem Weg zu den eigenen Zielen.

Wir erleben, dass es möglich ist, mit der Verteilung von Geld Schwerpunkte so zu setzen, dass FÜR ALLE beteiligten Menschen ein optimaler Nutzen entstehen kann.

Es hat uns fasziniert, wie sich innerhalb kurzer Zeit unser Denken und Tun verändern konnte, weil Menschen uns *vorgelebt* haben, was im Leben alles möglich ist; was es bedeutet, sein eigenes Potenzial zu erkennen und auszuleben; was es bedeutet, seine Berufung zu kennen und mit Leidenschaft zu leben. *Das wollten wir auch!*

Also habe ich meine Kleinmädchenträume wieder ausgegraben. Christian und ich haben uns hingesetzt und über unsere Träume und Ziele geredet. Wir haben uns ein gemeinsames Lebenskonzept geschaffen. Auch mit den Kindern haben wir viel geredet. Das war so richtig genial! Es fühlte sich fantastisch an, gemeinsam zu träumen und das Leben noch mal neu zu schöpfen. Wir konnten es schaffen, wenn wir es nur wirklich wollten!

Also habe ich mich dann hingesetzt und bunte Bildchen ausgeschnitten und auf ein großes weißes Blatt Papier geklebt, schöne Sprüche dazugeschrieben, die mir dabei geholfen haben, mich auf wesentliche Dinge zu konzentrieren – und jeden Tag stand ich oft vor dieser Zielcollage, um diese Bilder in mich aufzunehmen, die meine Herzenssehnsucht auf Papier brachten.

Wir standen auch gemeinsam Hand in Hand davor und fühlten uns ein in die Vorstellung, wie es denn mal sein würde, in diesem schönen Haus auf dem Bild zu leben, den Rosengarten zu haben, das Lachen der Kinder zu hören, wenn sie mit den Tieren spielen ... und wir schöpften Kraft für den fordernden Alltag, der noch so ganz anders aussah – und sich eben auch anders anfühlte.

Drei Wochen, nachdem wir diese Zielcollage an der Wand hatten, riefen uns unsere „Adoptiveltern" an und sagten uns, dass auf dem Grundstück neben ihnen ein altes Faktorenhaus frei geworden wäre. Die Gemeinde musste es verkaufen ...

Wir fuhren hin und waren überwältigt. Es sah fast genau so aus wie unser Haus auf der Zielcollage! Das Erdgeschoss in Stein, die weiteren Stockwerke Fachwerk, tiefe Fensterbänke wie in einer Burg, barocke Türen ... Es war Liebe auf den ersten Blick. Sogar das Natursteinhaus für den Pferdestall stand schon auf dem Grundstück ...

Heute leben wir in diesem 1780 erbauten Haus. Und es fühlt sich noch besser an, als beim Träumen vor der Zielcollage. Der Rosengarten ist im Werden und ringsherum sind wir umgeben von den sanften Rundungen des Waldes und der Felder. Der leise vor sich hin plätschernde Bach begleitet uns in den Schlaf, wenn wir in unserem Ruheraum – dem alten Gewölberaum des Hauses – Entspannung finden. Unsere Tochter hat endlich ihre zwei Kätzchen. Zwar hat unsere Hündin noch ihre Probleme mit ihnen – aber das wird schon noch.

Wir haben einen „sanften Branchenwechsel" geschafft und unser Leben völlig neu gestaltet. Das heißt, wir haben neben unserem damals voll laufenden Unternehmen in der Musikbranche das Empfehlungsmarketing nebenbei begonnen und Schritt für Schritt gelernt, wie es ist, mit sich selbst und mit Menschen wirklich zu kommunizieren. Heute ist es so, dass wir vollkommen von unserem weltweit tätigen Unternehmen im Empfehlungsmarketing leben – und nebenbei noch die Musik machen, die wir lieben – unter den Umständen, die wir uns aussuchen können.

Was uns daran so rundum zufrieden sein lässt, ist die Tatsache, dass wir unser Geld nun damit verdienen, indem wir anderen Menschen zugänglich machen können, was uns inspiriert, gut tut und vorwärts gebracht hat. Wir erleben diesen natürlichen Kreislauf des Gebens und Nehmens, der Saat und der Ernte – und viele andere Naturgesetze als absolut zutreffend. Es macht Sinn, sich mit diesen Ordnungsgesetzen des Lebens auseinander zu setzen und sie in das eigene Leben zu integrieren.

Denn, ob man will oder nicht, sie funktionieren – und wenn ich sie ignoriere, dann kann es schon mal sein, dass ich gegen diese Lebensgesetze lebe und damit gegen mich selbst. Das haben wir über Jahre am eigenen Leibe und in der eigenen Familie erlebt. Umso mehr schätzen wir es nun, zu erleben, wie es sich anfühlt, gemeinsam mit vielen anderen Menschen das Leben aktiv, bewusst und möglichkeitsorientiert zu gestalten.

Was heißt das noch konkret für uns? Zum Beispiel auch, dass unser großer Sohn für ein Jahr in Amerika auf der Highschool war. Es war für ihn ein gigantisches

Erlebnis. Und das bei einer vorher gestellten Diagnose einiger Experten, die uns sagten, dass unser Sohn aufgrund von Störungen wie ADHS und „High-function-Autismus" immer von uns abhängig sein würde und nie wirklich selbstständig sein könnte ... Wir können ihn jetzt bestmöglich fördern und sind glücklich darüber, dass Geld keine einengende Rolle mehr spielen kann.

Für mich persönlich geht es nicht nur um das eigene bessere Leben, sondern auch darum, von dieser Basis aus vielen anderen Hilfe zur Selbsthilfe geben zu können.

Unser großes Haus steht unserer Familie und unseren Freunden offen. Und natürlich auch allen Menschen, die daran interessiert sind, aktiv ein besseres und gesünderes Leben zu leben. Diese „Oase" ist ein Nest der Geborgenheit für unsere Lieben. Von hier aus können wir nun in die Welt gehen und auch vorleben, wie es sich anfühlt, wenn man sein eigenes Leben lebt – und nicht mehr „gelebt wird".

Zwar bin ich noch nicht so ganz die gute Fee aus dem Märchen, aber ich komme schon in die Nähe ihrer Möglichkeiten.

Und die Moral von dieser Geschichte ist: *So* kann es sein, wenn man von anderen Menschen praktische Hilfe erfährt, sie anwendet und diese Erfahrungen wieder mit anderen teilt.

Es beginnt immer bei sich selbst und im Kleinen, aber durch eigenes Vorleben können es immer mehr Menschen auch tun, davon profitieren und es weiter geben. Und die Welt wird Stück für Stück – und praktisch auch im Größeren – besser.

Das zu erleben, macht uns glücklich und dankbar.

Der Traum des kleinen Mädchens von damals ist Wirklichkeit geworden ...

Kornelia Witecy

Es ist nie zu spät, seinen Weg zu gehen

Ich habe gestern von Dirk eine E-Mail bekommen, in der er mich bat, meine Geschichte aufzuschreiben. Es sei für ein Buch, das vielen Menschen den Mut geben kann, ihre Wünsche und Träume wieder auszugraben und eventuell einige Dinge einmal anders zu machen als bisher.
Ich habe mich entschlossen, meine Geschichte aufzuschreiben, obwohl ich gerade meine Koffer packe, um in den Urlaub zu fahren. Schreiben ist nicht so „mein Ding" – ich tue es trotzdem.

Ich hatte schon als Kind einen Traum. Ich habe von Erfolg geträumt und wollte mich wie eine Prinzessin fühlen. Eine gute Schulbildung war mir aufgrund meiner Familienverhältnisse nicht vergönnt. Ich hatte als Kind so viele Probleme und oft daran gedacht, mir das Leben zu nehmen. Heute glaube ich, dass mich dieser Traum am Leben erhalten hat.

Ich durfte als Kind sonntags nachmittags ab und zu ins Kino – dort wurden Märchenfilme gezeigt. Der Film „Aschenputtel" hatte es mir besonders angetan. Der Mut dieses Mädchens, nachts heimlich auf den Ball zu gehen, nicht aufzugeben und am Ende eine strahlende Prinzessin zu sein, hat mich so fasziniert. Immer, wenn es mir schlecht ging, habe ich mich in diesen Film geträumt und mich als Prinzessen gesehen.

Im Laufe meines Lebens habe ich diesen Traum vergessen. Ich habe eine Ausbildung zur Kauffrau gemacht und mit 24 Jahren geheiratet. Wir hatten damals den Traum vom eigenen Haus und ich wollte unbedingt ein Kind. Nach vier Jahren Ehe kam unser Sohn Stefan zur Welt. Fünf Jahre nach Stefans Geburt bauten wir unser Eigenheim in Lemwerder. Leider ging in der Bauphase unser Bauunternehmer in die Insolvenz und wir standen damit fast vor dem finanziellen Aus.

Mit vielen kleinen Nebenjobs (ich habe hilfsbedürftige Menschen in ihrer häuslichen Umgebung betreut) habe ich damals das Einkommen meines Mannes soweit gestützt, dass wir trotzdem noch genug für unser Kind hatten. Nebenbei habe ich noch eine Ausbildung zur Haus- und Familienpflegerin gemacht.

Mit 38 Jahren bekam ich eine Festanstellung in der Sozialstation; dieser Beruf passte auch sehr gut zu mir. Ich habe meine Arbeit gerne gemacht, denn ich war mein ganzes Leben immer nur für andere da und habe immer das getan, was ich glaubte, was andere von mir erwarten; ich habe nicht gefragt, sondern immer nur – wie meine Mutter – funktioniert. Ich habe immer alle und alles auf meinen Karren geladen und war das Zugpferd. Trotzdem habe ich die Anerkennung, die ich brauchte und wollte, nicht bekommen. Bis mein Körper gesagt hat, es reicht! Ich wurde mit 48 schwer krank und dadurch arbeitslos.

Ich war an einem Punkt in meinem Leben angekommen, an dem ich mich entscheiden musste, entweder so weiterzumachen wie bisher (dann war's das) oder aufzuhören, alles zu verdrängen und endlich „meine Leichen aus dem Keller" zu holen, denn ganz tief in meinen Innern wusste ich immer, dass ich eines Tages an diesen Punkt kommen würde.

Ich war bereit, die Selbstverantwortung in allen Bereichen meines Lebens zu übernehmen und den Preis dafür zu zahlen, denn ein fremdbestimmtes Leben wollte ich nicht mehr. Mir war klar: Wenn ich in meinen Leben etwas verändern will, muss ich mich und mein Verhalten ändern.

Im Januar 2002 habe ich mit einem Coaching begonnen. Mein Coach hat mich 18 Monate begleitet und mir geholfen, mein Leben neu zu organisieren. Ich habe ihr viel zu verdanken.

In diesen 18 Monaten sind mir einige Bücher in die Hände gefallen, die mir sehr viel geholfen haben und die ich immer wieder weiterempfehle: Dr. Joseph Murphy: „Die Macht Ihres Unterbewußtseins" und das Buch von Irene C. Kassorla: „Tun Sie's doch! Lernen Sie, sich selbst zu lieben. Der Rest kommt dann fast von alleine." So schreibt Sie auch: „Seien Sie sich selbst ein liebendes Elternpaar. Um sich jetzt zu verändern, brauchen Sie Eltern, die Ihnen dabei helfen. Oder genauer: einen Menschen, der Sie nicht richtet, sondern der Sie bedingungslos akzeptiert. Es gibt nur einen Menschen auf der Welt, der qualifiziert dazu ist, diese Position einzunehmen. Dieser Mensch sind Sie. Sie sind am besten dazu geeignet, diese Aufgabe zu übernehmen. Also übernehmen Sie sie …"

Ich weiß heute, dass es keine Zufälle gibt und dass ich alles, was ich mir vorstellen kann, auch erreichen werde.

Mir ist mein Kindheitstraum wieder eingefallen. Um ein Leben wie eine Prinzessin zu führen, brauche ich eine super Geschäftsidee und keinen Arbeitgeber. Ich habe ständig überlegt: „Was könntest du mal machen, ...?“ Verkaufen wollte ich auch nicht – damit hatte ich schon mal schlechte Erfahrungen gemacht und viel Geld verloren.

Im Juli 2002 lief mir dann die Lösung, in Form einer damals auf den ersten Blick etwas unglaubwürdigen Geschäftsidee, über den Weg. Ich habe beim Einkaufen Bettina getroffen, wir haben einen Kaffee zusammen getrunken. Ich habe ihr meine Probleme geschildert und gefragt, ob sie eine Lösung weiß. Sie sagte: „Vielleicht weiß ich da was, gehe mal zu Bernhard ...“

Bernhard hat mir von einer Geschäftsidee (Empfehlungsmarketing) erzählt, mit der sich angeblich jeder Mensch, egal aus welcher Bevölkerungsschicht, mit welcher Schulbildung oder welchem Beruf, ohne Risiko und Investition ein zweites Standbein neben- oder hauptberuflich aufbauen kann. Und dies auch noch mit fast unvorstellbaren Einkommensmöglichkeiten.

Heute bin ich froh, dass ich damals offen genug war, um mir das genauer anzuschauen. Ich war total begeistert und mein Bauchgefühl hat mir gesagt, dass das die Lösung ist.

Kurze Zeit später habe ich Gabi kennen gelernt und wusste, dass ich im richtigen Geschäft bin; sie ist mein großes Vorbild. Ich hatte keine Ahnung vom Geschäft und immer nur geschaut, was die Erfolgreichen machen. Ich habe mir Ziele gesetzt und einfach nur getan ...

Heute weiß ich: Wir lernen beim Tun. Ich habe diszipliniert gearbeitet und mich nicht durch Traumdiebe von meinen Zielen abbringen lassen. Die hatte ich zur Genüge um mich herum, denn keiner wollte, dass ich mich verändere und nicht mehr so funktioniere, wie sie es gerne hätten. Nach einem Jahr verdiente ich wesentlich mehr als in meinem vorherigen Beruf.

Ich habe das meiste Geld in meine Persönlichkeitsentwicklung gesteckt, tue es immer noch und werde es mein Leben lang tun. Es ist ein schwerer aber lohnender Weg, wenn ich bei mir selbst schaue, wo meine Fähigkeiten und Schwächen liegen.

Nach nicht ganz drei Jahren hatte ich die höchste Führungsposition erreicht und meine Zielcollage abgearbeitet. Mein Traum war es immer, viel zu reisen; bis zu meinem 50. Lebensjahr kannte ich vier Orte in Deutschland. In den vier Jahren, die ich im Empfehlungsmarketing arbeite, habe ich mehr erlebt als in meinem Leben davor. Ich kenne fast ganz Deutschland und habe inzwischen überall Freunde, Menschen, die ich durch meine Arbeit kennen lernen durfte und die mir mit ihren Erfahrungen und Lebensgeschichten geholfen haben.

Ich war in England, Italien, Spanien, Amerika, auf Kreuzfahrt in der Karibik und werde noch eine Weltreise machen, denn alles, was ich mir vorstellen kann, werde ich erreichen.

Babara hat mir ein Gedicht geschickt, das ich euch nicht vorenthalten will. Aufgrund dieses Gedichts habe ich noch einige Entscheidungen getroffen, die ich immer noch vor mir her geschoben hatte. Danke Babara.

Es gibt einen Weg,
den keiner geht,
wenn Du ihn nicht gehst.
Wege entstehen,
indem wir sie gehen.
Die vielen zugewachsenen
wartenden Wege
von ungelebtem Leben überwuchert.

Es gibt einen Weg,
den keiner geht, wenn Du ihn nicht gehst:
es gibt Deinen Weg,
ein Weg, der entsteht,
wenn Du ihn gehst.

Werner Sprenger
Gedichte zum Auswendigleben

Ich werde meinem Weg gehen! Ich weiß heute, dass alles, was in meinem Leben geschehen ist, mich zu der Frau gemacht hat, die ich heute bin. Ich habe allen, die mir Böses angetan haben, verziehen. Verzeihen und Loslassen ist das Schwerste im Leben – aber es ist auch der einzige Weg, um wirklich glücklich zu werden. Und das war mein Ziel.

Ich möchte mit meiner Geschichte vielen Menschen Mut machen, ihren Weg zu gehen.

Was mich an diesem Geschäft so fasziniert, ist, miterleben zu dürfen, wie die Menschen, die in dieses Geschäft einsteigen, sich verändern und ihre eigene Persönlichkeit weiterentwickeln.

Indem ich einfach vorausgehe mit meiner Geschichte!

Ich bin heute 54 Jahre und kann leben wie ich will – keiner kann mir mehr Vorschriften machen. Heute bekomme ich jede Menge ehrlicher Anerkennung und wenn ich auf der Bühne stehe, fühle ich mich wie die Prinzessin aus meinen Vorstellungen.

Ich danke allen, die mir vertraut und mich unterstützt haben. Vor allem danke ich meinem Sohn Stefan, der schon mit 20 in die Selbstständigkeit gegangen ist, und schon immer andere Denkmuster hatte als die Menschen, die wir so kannten.

Und immer, wenn ich mal wieder im Keller saß, hat er mir Mut gemacht und gesagt: „Mama, du weißt doch, was du wert bist – da musst du jetzt durch."

Sigrid Karp

Was willst du mal werden?

In meinem Leben ging es schon immer rauf und runter. Als ältester Sohn eines Obsthändlers auf dem Großmarkt wurde ich schon von Kindesbeinen an mit Verkauf und Handel konfrontiert – und wenn man dann noch weiß, dass ich in Solingen geboren bin, entspricht das in etwa auch dem Klischee.

Nun, wenn einmal Ware übrig blieb, sind mein Vater und ich durch die Straßen gezogen, haben an den Türen geklingelt und haben mehr oder weniger erfolgreich versucht, Äpfel, Birnen oder auch mal Apfelsinen zu verkaufen. „Gnädige Frau haben die einmalige Chance, frischestes Obst zum Großhandelspreis zu bekommen" … Nun ja, gnädige Frau wollte meistens aber nicht. Das Schlimmste war aber, dass ich so früh aufstehen musste, denn im Großmarkt geht es schon sehr früh morgens los und ich bin eher ein Freund des langen Schlafes. Die Schule war auch nicht so sehr die Erfüllung …

Nach meiner Schulzeit fragten mich natürlich alle, was ich machen wolle – und es war für mich nur eines klar: So wie mein Vater wollte ich kein Geld verdienen. Aber ich wusste auch nicht, was ich tun sollte, denn so richtig hat mich nichts angesprochen. Also bin ich zu einem großen Chemiekonzern bei uns in der Gegend gegangen und habe dort die Lehre gemacht. Es war in jedem Fall klar, dass ich dort bleiben konnte bis ich alt war. Es hat zwar keinen Spaß gemacht – aber zumindest verdiente ich Geld.

Dann wurde ich zur Bundeswehr eingezogen – zu den Pionieren. Nun, auch das ist nicht wirklich berauschend. Gräben ausschachten, rennen, früh aufstehen und sich anschreien lassen. Irgendwann mussten wir dann einen Tunnel buddeln und Rohre verlegen. Da ich am Abend vorher mit einigen Kumpels gefeiert hatte, legte ich mich nachmittags in eines der Rohre und bin eingeschlafen. Abends stellte man fest, dass ich fehlte – ich schlief immer noch und einer der Vorgesetzten hat mich dann gefunden. In meinen Papieren stand dann, dass ich „ohne Aufsicht nicht zur Arbeit zu bewegen wäre". Man kann sich vorstellen, dass sich das in einem Lebenslauf nicht so gut macht …

Nach der Bundeswehrzeit bin ich dann wieder zu dem Chemieproduzenten gegangen, ging in den Nachtdienst, da man dann mehr verdiente, und stellte immer mehr fest, dass das nichts für mich ist. Aber was konnte man machen? Ideen hatte ich dann doch. So überlegte ich mir – es war gerade die Zeit, als CDs auf den Markt kamen – dass es doch gut wäre, einen Laden zu eröffnen, der Musik-CDs verleiht. Nach einigen Überlegungen machte ich das dann auch, denn als leidenschaftlicher Musikfan hatte ich sehr viele dieser silbernen Scheiben.

Der Laden war klein – aber es lohnte sich! Da ich ausschließlich im Nachtdienst arbeitete, konnte ich tagsüber für ein paar Stunden den Laden öffnen. Die Idee kam gut an und innerhalb kürzester Zeit machte ich mehr Geld als in meinem Hauptberuf. Was ich aber auch feststellte, war, dass ich wirklich aktiv bin, wenn ich mich für eine Sache begeistere. Den anfänglichen Schlendrian begrub ich immer mehr und fühlte mich wirklich als Geschäftsmann. Allerdings hatte ich eines nicht bedacht: War es überhaupt erlaubt, CDs zu verleihen? Ich war einer der ersten Läden in Deutschland, die das überhaupt gemacht haben, merkte aber dann, dass es so nicht weiterging, denn irgendwann sagte mir einer, dass es so, wie ich es betreibe, illegal ist. Also machte ich „inoffiziell" weiter, wusste aber, dass es nur ein Übergang sein kann.

Zu etwa dem gleichen Zeitpunkt las ich eine Anzeige in der Zeitung, die mich ansprach. Nach dem Anruf klang es so interessant, dass ich mich weiter informieren wollte, und so saß ich dann in einem Hotelraum und hörte mir an, was der Sprecher zu sagen hatte.

Es klang ganz interessant, zumal ich keinen Druck hatte. Erst einmal startete ich recht langsam, bekam dann aber immer mehr Lust, gab meine CDs und den Laden ab und widmete mich dann nach knapp zwei Jahren voll diesem Network-Marketing-Geschäft. Meine Stelle als Chemikant gab ich auch auf und nun hatte ich Zeit.

Da ich nie richtig selbstständig war, hatte ich erst mal keinen Plan, und einiges von dem, was ich aufbaute, zerfiel wieder. Das war meine erste „Lehre" – kümmere dich um dein Team! Das sollte mir nicht wieder passieren und so strengte ich mich mehr an, obwohl mein Vater immer wieder versuchte, mich in sein Geschäft zu bekommen. Sätze wie: „Das ist alles viel zu unsicher …" oder: „Das kann auf Dauer nicht funktionieren …", musste ich mir täglich anhören.

Trotzdem – ich machte weiter und irgendwann verdiente ich „richtig gutes Geld", sodass sogar mein Vater in mein Geschäft einstieg. Auch privat entwickelte es sich gut, denn irgendwann habe ich meine Frau auf einer der Veranstaltungen kennen gelernt. Sie wurde nach kurzer Zeit schwanger. Nun wurde ich also Papa.

Neben meinem Faible für Musik habe ich noch ein anderes Hobby – Autos: Und dieser Liebe konnte ich jetzt nachgehen. Als ich mir meinen ersten neuen Wagen kaufte, musste es auch gleich ein echter Knaller sein: ein Mercedes 560 SEC mit allem nur erdenklichen Zubehör! Was haben die alten Kumpels gestaunt ... Viel unterwegs, im Flugzeug, Umzug nach Norddeutschland, kaum Urlaub – aber gute Schecks. Irgendwann hatte ich aber genug davon und die Schecks wuchsen schneller als mein Wissen und meine Persönlichkeit. Wie wichtig dieser Aspekt der Persönlichkeitsentwicklung ist, habe ich damals nicht mitbekommen, denn wer konnte mir schon etwas sagen?!? In den besten Zeiten verdiente ich durchschnittlich 50.000 DM im Monat – und nichts blieb über.

Es war eine schöne, aber sehr unvernünftige Zeit und irgendwann holte mich die Steuer ein. Im Nachhinein würde ich sagen, dass ich viele Dinge ignoriert und verwechselt habe, und so kam es, wie es kommen musste: Meine Frau und ich trennten uns, das Geschäft ging immer mehr den Berg runter, da ich den Kontakt zu den Menschen verlor und nur noch Forderungen stellte. Ich hörte auf nichts und niemanden mehr, und auch meine damalige Führungskraft, mit der ich jahrelang sehr erfolgreich zusammengearbeitet hatte, konnte mir nichts mehr sagen. Ich widersprach ihr, wusste natürlich alles besser und kapselte mich immer mehr ab. Dass Verdienst etwas mit dienen zu tun hatte, war mir nicht klar.

„Wer hoch kommt, kann tief fallen", hörte ich nun einige Leute hinter meinem Rücken munkeln. Das ist sicher richtig – aber soll ich deshalb immer unter dem Teppich laufen, nur damit ich nicht tief fallen kann? So ein Blödsinn, denn ich hatte viel gelernt – vor allem, wie man es nicht macht!

Ich vergrub mich, zog wieder zu meinen Eltern und beschwerte mich über mein Leben – bis ich dann Kontakt zu Personen aufnahm, die sich viel mit Persönlichkeitsentwicklung beschäftigten. Erst einmal war mir das ganze „esoterische Gesabbel" zu viel – zu Hause fragte ich mich dann aber, ob nicht doch ein wenig Wahrheit dran war. Egal – in jedem Fall tat mir der Umgang mit diesen Leuten gut und ich raffte mich langsam wieder auf.

Jeder weiß, dass – wenn man einmal in dieser Branche war/ist und dort überdurchschnittlichen Erfolg hatte – viele Leute anrufen, um einem „das beste Geschäft der Welt" zu präsentieren. Nichts interessierte mich und es vergingen Jahre, in denen ich mich mehr schlecht als recht so durchschlug. Aber ich arbeitete viel an mir und meinen Fähigkeiten, sah viele Dinge anders als vorher und musste mir selbst eingestehen, dass ich damals einfach engstirnig, verbissen und besserwisserisch gewesen war.

Irgendwann rief mich dann meine ehemalige Führungskraft – die sich kurz nach meinem „Abgang" aufgrund persönlicher Differenzen mit der damaligen Führung aus dem Unternehmen zurückgezogen hatte – an und dieser Mann sagte mir, dass er wieder aktiv sei. Ich hatte ihm viel zu verdanken und da in diesem Geschäft mit zu den wichtigsten Dinge überhaupt Glaubwürdigkeit und Integrität zählen, war ich sofort bereit, mich mit ihm zu treffen. Wenn er es sagte, dann musste da was dran sein. Die Idee war gut und ich spürte wieder diese Energie des Aufbruchs. Ja, ich war mittlerweile auch über 30 und jetzt war es Zeit, den Stier wieder bei den Hörnern zu packen. Wir arbeiteten die ersten Monate intensiv zusammen und mein Geschäft wuchs. Bei meinem ersten Start vor vielen Jahren hatte ich noch den Fehler gemacht, auf meine angeblichen Freunde zu hören, die immer nur negativ redeten. Mittlerweile wusste ich aber, dass diese Frustrationspfleger nur keine Veränderung wollten und es jedes Mal mit Schrecken sehen, wenn einer aus der Normalität ausbricht.

Ich hatte aus meinen Fehlern gelernt – und das merkte man. Ich kümmerte mich um meine Leute und hob auch nicht ab, als dann die Schecks wieder höher wurden. Ich konnte meinen finanziellen Verpflichtungen nachkommen, meine von mir getrennt lebende Tochter unterstützen und das Leben machte wieder Spaß. Mit der Zeit veränderte sich auch meine Einstellung und ich befähigte mein Team, selbstständig zu arbeiten, sodass ich mich mehr um meine Entwicklung kümmern konnte. Auch wenn ich mal anderer Meinung als meine Upline war – wir konnten uns immer unterhalten und haben eine Lösung gefunden.

Früher konnte ich zu Alkohol und leichten Drogen kaum nein sagen – heute bin ich Vegetarier und achte sehr auf meine Gesundheit, besuche viele Trainings und Seminare, lebe seit mittlerweile drei Jahren mit meiner Lebensgefährtin in Portugal und fliege im Schnitt alle zwei Monate mal nach Deutschland, um mein mittlerweile international tätiges Team zu unterstützen und Solingen zu besuchen.

Alles scheint so wie früher – nur dass viele Hoffnungen bei alten Bekannten gestorben sind und diejenigen, die damals am meisten auf mich geschimpft haben, am lautesten stöhnen. Alles ist schlecht: die Wirtschaft, der Lohn, das Leben … Ich kann mir das nicht so lange anhören – es schmerzt, wenn man sieht, wie die meisten Menschen ihr Leben verschenken und auf Lösungsvorschläge negativ reagieren. Viele warten darauf, dass von außen Veränderungen herbeigeführt werden – wobei der einzige Weg, wirklich etwas zu verändern, immer von innen kommen muss – das habe ich gelernt. Aber das kann man anderen nicht sagen – manche reagieren darauf sogar aggressiv.

Aus diesem Grunde verstehe ich auch diejenigen nicht, die ständig die Unternehmen wechseln und das Glück woanders suchen. Ich bin nun seit über zehn Jahren bei einem Unternehmen, habe da auch Hochs und Tiefs erlebt (wie sollte es auch anders sein) – aber wie heißt es so schön:

Jeder ist seines Glückes Schmied!

Mein Vater verkauft mit weit über 70 immer noch Obst, was mich ein wenig traurig macht – aber er ist froh, dass es mir gut geht, und hat seinen Spaß, wenn wir durch die Straßen ziehen. Ich bin aber froh, wenn es wieder zurück geht; ein Leben in dieser Eintönigkeit, Leere und Langeweile wäre sicher nichts für mich.

Thilo Brämer

Sicherheit – Unsicherheit

Als Immobilienmaklerin sagte man mir zwar nach, dass ich für mein Geld nicht arbeite – aber das stimmte nicht. Ich hatte mir diesen Beruf ausgesucht, weil ich durch meinen ehemaligen Partner mehr oder weniger da hineingeraten bin. Vorher war ich bei der Lufthansa – dort habe ich ihn auch kennen gelernt. Nun ist man daran gewöhnt, dass einen Fluggäste ansprechen, wenn man einigermaßen manierlich aussieht – aber nicht, dass ein Fluggast fast drei Monate nahezu alle Strecken mitfliegt, nur um bei einem zu sein. Er buchte immer die 1. Klasse – und wenn ich in der 2. Klasse arbeiten musste, dann tauschte er den Platz mit einem anderen Passagier. Irgendwann habe ich mich dann auch privat mit ihm getroffen und wir wurden ein Paar – aber das ist schon elf Jahre her.

Drei Jahre später zog er sich aus seinem ursprünglichen Business zurück und handelte dann mit Immobilien. Er fragte mich, ob ich nicht mit ihm zusammen arbeiten wollte, denn wir waren durch meinen Job oft getrennt. Nun war ich immer selbstständig und wollte mich nicht in ein Abhängigkeitsverhältnis von einem Mann begeben. Das sprachen wir an und ich habe dann später trotz aller Bedenken zugestimmt. Trotz – oder gerade wegen – dieser Nähe entfernten wir uns voneinander und nach eineinhalb Jahr trennten wir uns.

So stand ich nun da – und war ungewollt Immobilienmaklerin und lebte in einer Stadt, in der ich kaum

Freunde hatte, denn durch meinen vorherigen Beruf lebte mein Freundeskreis auf der ganzen Welt verteilt.

Ca. sechs Monate später lief mir dann mein Traummann über den Weg. Ich kannte ihn schon aus meiner Schulzeit und es war komisch, dass ich ihn genau hier wieder traf. Damals waren wir kein Paar, denn er war der Schulschwarm schlechthin – und vier Klassen über mir. Nun hatte sich aber das Blatt gewendet und ich war schon lange nicht mehr das „Mädchen“, das er von damals kannte. Er war immer noch ein „Hans Dampf in allen Gassen“ und wir kamen dann nach einigen Treffen zusammen. Zwar noch jeder in seiner Wohnung – aber wir waren ein Paar. Heiko war selbstständiger Architekt und arbeitete in einer Büro- und Arbeitsgemeinschaft als gleichwertiger Partner. Durch diese Situation bedingt konnten wir auch sehr gut wirtschaftlich getrennt voneinander existieren – uns ging es gut. Wir bekamen die Möglichkeit, zwei sehr gute Gaststätten in zentraler Lage zu pachten und machten es. Warum auch nicht?!

Dann kam von einem auf den anderen Tag der totale Einbruch. Was war geschehen? Nun, Heiko war zwar selbstständig in diesem Architektenbüro, aber die Abrechnung machte ein anderer Partner zentral. Und eben dieser andere „Partner“ hatte Steuern hinterzogen und falsche Abrechnungen erstellt. Wir wussten von dieser Sache natürlich nichts und als eines morgens die Polizei mit sieben Personen vor seinem Büro stand und alles Material – angefangen von Aktenordnern bis hin zu allen Computern, die für seine Arbeit extrem wichtig sind – beschlagnahmte, schwante uns schon Böses. Es kam noch schlimmer …

Drei Tage später wurden unsere beiden gut gehenden Gaststätten geschlossen und auch dort alles beschlagnahmt. Heiko wurde einen Tag später inhaftiert.

Nun saß ich alleine da und wusste nicht, was ich tun sollte. Es war Mitte November und viele unserer Freunde waren auf einmal nicht erreichbar. Das war wirklich die schlimmste Zeit in meinem Leben. Als ich dann auch noch über Weihnachten alleine war (meine Familie lebte nicht mehr), war der Tiefpunkt erreicht. Innerhalb von ein paar Wochen war unser komplettes Leben auf den Kopf gestellt worden und ich sah keinen Ausweg.

Es stellte sich heraus, dass in den Gaststätten einige Bedienungen mit dem Verantwortlichen zusammengearbeitet und Geld „schwarz" verdient hatten. Es wurden alle verhört und mir war mittlerweile fast alles egal, da auch die Kaution für Heiko so hoch angesetzt wurde – man sprach hier von Fluchtgefahr –, dass ich mir nicht vorstellen konnte, wie ich sie aufbringen sollte.

Ich kratzte also alles Geld zusammen, ging zu Heikos Mutter – eine pensionierte Beamtin mit kleiner Rente –, die mir auch ein klein wenig beisteuern konnte, und klapperte unseren Freundeskreis ab. Diese Erfahrung wünsche ich wirklich keinem Menschen …

Nun, ich schaffte es, die Summe aufzubringen! Wir waren zwar hoch verschuldet – aber was sollte ich anderes tun?!?

In dieser Zeit stand mir ein bis dahin nicht so guter Freund meines Lebenspartners, Volker, zur Seite. Er unterstützte mich moralisch und betonte immer wieder, dass schon noch alles klappen würde. Gerne hörte ich ihm zu, obwohl ich nicht wusste, wie das alles noch in normale Bahnen laufen konnte.

Heiko kam frei und wir waren froh – ich hatte schon befürchtet, dass uns diese Zeit auseinander bringen würde; Gott sei Dank war das nicht der Fall. Er kam aber als „anderer Mann“ wieder aus dem Gefängnis und erst einmal waren wir glücklich, wieder beisammen zu sein. Nach kurzer Zeit holte uns aber die Normalität ein, denn wir erfuhren, dass das Büro so nicht weiter existieren würde. Heiko meinte, dass er da sowieso nicht mehr arbeiten wolle – der Schock saß immer noch tief.

Die deutschen (Gerichts-)Mühlen laufen langsam und wir bereiteten uns auf den Prozess vor –, aber auch der Rechtsanwalt wollte immer wieder sein Geld und die Schmerzgrenze war bei uns erreicht, da ich auch mein Immobiliengeschäft wegen der Vorfälle nicht mehr so intensiv und vor allem konzentriert betrieben hatte. Niemand wollte Heiko aufgrund des schwebenden Verfahrens einstellen und er konnte sich aus den bekannten Gründen auch nicht selbstständig machen – das wäre aber auch sowieso illusorisch gewesen.

Volker besuchte uns oft und als wir dann eines Abends beieinander saßen, kamen wir darauf zu sprechen, wie er zu seinem Beruf gekommen war. Er war früher beamtet und hatte sich vor mehr als fünf Jahren im Network-Marketing selbstständig gemacht. Wir wussten zwar, dass er eine Art Verkäufer war – wir dachten immer so eine Art moderner Avon-Vertreter mit uns unbekannten Produkten –, aber was er da genau machte, war uns nicht klar. Er sagte, dass es viele

Menschen gibt, die sich nebenbei selbstständig machen wollen – das konnten wir gut nachvollziehen. Irgendwann fragte er uns, ob wir uns das nicht einmal genauer anhören wollten, denn damals machte er noch regelmäßig Informationsveranstaltungen in unterschiedlichen Hotels.

Die erste Reaktion war negativ – nein, wir waren eindeutig KEINE Verkäufer. Er akzeptierte es sofort und sagte, dass er uns zwar nicht verstünde, denn wir würden ihn ja mittlerweile besser kennen und wüssten, dass auch er kein Verkäufer sei – aber wenn wir weitere Fragen hätten, dann stünde er uns immer zur Seite.

Es vergingen Wochen und Wochen; Heiko bekam den Mindestsatz vom Arbeitsamt und die ersten Freunde standen auf der Matte: „Wann können wir denn unser Geld zurückbekommen?" Wir sagten, dass der Prozess immer noch nicht gelaufen sei und wir unser Bestes tun – trotzdem konnten wir kaum ruhig schlafen. Volker war bestimmt zwei- bis dreimal in der Woche bei uns und wir saßen oft nur zusammen, tranken unseren Weinvorrat auf und redeten. Er sprach uns nie wieder auf seine Sache an … Wir sahen natürlich, dass Volker scheinbar ein tolles Leben führte, denn er zahlte immer alle Rechnungen, wenn wir mal ausgingen – aber er ließ es uns nie spüren und dafür war ich wirklich dankbar.

Eines Abends, als wir uns wieder verabreden wollten, sagte Volker, dass er dann nicht könne, da er wieder eine solche Informationsveranstaltung in einem Hotel ganz bei uns in der Nähe habe. Kurz entschlossen fragten wir ihn, ob wir nicht mitkommen könnten, denn wir wollten ihn einmal auf der Bühne sehen.

Klar, sagte er, aber er müsse sich an dem Abend um viele andere aus seinem Team kümmern und hätte für uns nicht so viel Zeit. Das war für uns kein Problem, denn wir wollten ja sowieso nur zuhören.

Dann kam alles anders. Wir sahen schon in der Hotellobby viele nette Leute, die scheinbar ungezwungen miteinander redeten. Volker machte uns mit anderen Leuten bekannt und ging seiner Wege. Der Abend dauerte ca. zwei Stunden und danach gingen wir noch mit einigen Leuten seines Teams essen. Es war lustig – und wir waren fasziniert. Es waren die verschiedensten Leute mit unterschiedlichem Alter, Berufen aus allen Bereichen des täglichen Lebens – aber allen war gemeinsam, dass sie sich mit dem, was sie hatten, nicht zufrieden gaben. Es herrschte eine absolut positive Atmosphäre, die wir so schon seit langem nicht mehr erlebt hatten.

Heiko und ich gingen dann nach Hause und redeten. War es tatsächlich möglich, sich mit dieser Sache aus unserem Dilemma herauszuholen? War alles nur Show? Aber nein, wir kannten Volker und die Leute machten auch nicht den Eindruck, als wenn sie Tagträumer wären. Wo war der Haken? Musste man dafür nicht einen riesigen Bekanntenkreis haben?

Als Volker uns dann zwei Tage später besuchte, sagte er kein Wort über die Veranstaltung, fragte uns nichts – und wir brodelten so vor uns hin. Irgendwann brach es dann aus mir heraus und ich stellte ihm die Fragen, die wir hatten …

Klar wäre es möglich, sich damit aus der Misere herauszuarbeiten, aber es wäre nicht einfach und benötigte Zeit.

Klar gäbe es einen Haken, aber der liege nicht bei den Produkten und dem Verdienstplan, sondern ganz woanders. Ob wir uns denn nicht gefragt hätten, warum einige Leute wesentlich mehr erreicht hätten als andere, obwohl sie viel kürzere Zeit dabei wären … Und dann klärte er uns auf, dass es einer der größten Irrtümer in dieser Branche ist, wenn man glaubt, dass man viele Leute kennen müsse.

Wir diskutierten lange und er sagte, wir sollten es uns gut überlegen, ob wir das machen wollten. Er würde uns natürlich gerne und intensiv unterstützen –, aber nur dann, wenn wir „wirklich wollten“. Er verabschiedete sich …

Am Wochenende drauf haben wir uns mit Volker getroffen und in der Zwischenzeit wussten Heiko und ich, dass wir das in jedem Fall ein Jahr lang ganz intensiv betreiben wollten, um dann eine endgültige Entscheidung zu treffen; gesagt, getan – und es ging los.

Wir besuchten Trainings und sahen Volker jetzt noch mehr als vorher. Er war und ist ein wirklich guter Sponsor und stand uns immer zur Seite. Anfänglich war es sehr schwer, da viele hinter der Hand tuschelten: „Die haben es jetzt aber wirklich nötig“ … Oder: „Jetzt machen die so ein Haustürgeschäft“ – die Liste war lang und es tat uns gut zu hören, dass es den anderen im Team von Volker fast genau so ging wie uns. Sogar er selbst hatte anfänglich mit diesen negativen Äußerungen zu tun.

Da Heiko eher ein kopfbetonter Mensch ist, las er nebenbei viel, wobei uns Volker immer wieder erinnerte, dass Network-Marketing hauptsächlich durch

„learning by doing" funktioniert und erlernt wird. Wir machten uns bewusst, dass es wirklich eine seriöse Branche ist und ließen uns auch durch die negativen und schlecht recherchierten Berichte, die regelmäßig in der Presse erschienen, nicht verunsichern. Da wurde immer alles in einen Topf geworfen, obwohl das permanent zitierte Schneeballsystem wirklich nur auf den ersten Blick etwas mit Networking zu tun hat und jeder, der nur etwas genauer hinsieht, die enormen Unterschiede erkennen muss.

Es dauerte nicht lange und wir hatten ein eigenes kleines Team. Komischerweise waren es Menschen, denen wir das vorher gar nicht zugetraut hatten, aber auch das schien normal zu sein. Es ging in den nächsten Monaten auf und ab und Volker unterstützte uns immer wieder, obwohl wir nach kurzer Zeit so gut wie alles selbst machen konnten.

Nach einem Jahr zogen wir Bilanz und es hatte sich wirklich viel getan: Wir hatten neuen Lebensmut gefunden. Sicher konnten wir von dem Geld noch keine großen Sprünge machen, aber es war wesentlich mehr, als Heiko vom Amt bekam. Wir sahen wieder „Licht am Ende des Tunnels" und der Prozess, der immer noch nicht zu Ende war, belastete uns lange nicht mehr so wie vorher. Wir haben sogar zwei Seminare im Bereich „Persönlichkeitsentwicklung" besucht und sahen, dass Networking viel mehr ist, als die meisten vermuten.

In der Zwischenzeit schrieben wir die beiden „Kneipen" ab und es stellte sich im Nachhinein heraus, dass wir unschuldig waren. Aber erst 19 Monate später!

Nun sind mehr als vier Jahre seit unserem Start im Network vergangen. Der Prozess liegt hinter uns, auch wenn es nicht so lief, wie wir es uns gewünscht haben. Wir mussten sehr viele (Steuer-)Gelder nachzahlen, da wir für die Fehler von Heikos ehemaligen „Partnern" mit herangezogen wurden, weil alle gesamtschuldnerisch haftbar waren. Heiko musste also privaten Konkurs anmelden und diese Zeit war wirklich nicht schön, zumal dann für ihn feststand, in seinem erlernten Beruf nicht mehr arbeiten zu können. Zug um Zug zahlten wir aber das Geld an diejenigen zurück, die uns in den schwierigen Zeiten ausgeholfen hatten, und wir sind heute keiner dieser Personen auch nur einen Cent schuldig – das befreit enorm!

Zu einigen unserer Bekannten von damals haben wir kaum mehr Kontakt, andere kamen dann im zweiten Jahr unserer Network-Karriere auf uns zu und stiegen bei uns ein; wir mussten es ihnen wohl erst vormachen, bevor sie es glaubten.

Seit einem Jahr verdienen wir wesentlich mehr, als Heiko vorher in seinem Beruf verdient hatte, und an die schwierige Zeit denken wir nur noch sehr selten zurück, obwohl einige ehemalige Partner aus Heikos damaliger Bürogemeinschaft an der Situation zerbrochen sind. Wir haben mit ihnen gesprochen – aber sie lehnten unser Geschäft rigoros ab, obwohl sie sich nicht informiert haben. Wir verstehen es nicht – müssen es aber akzeptieren, obwohl es manchmal nicht einfach ist.

Networking hat uns eine völlig neue Perspektive gegeben – ohne diese Chance wüssten wir nicht, wo wir heute stehen, geschweige denn, ob wir nicht auch an den Belastungen zerbrochen wären. Und der Immobilienmarkt geht auch immer mehr in den Keller, aber Gott sein Dank brauche ich mir darüber keine Gedanken mehr zu machen!

Im Nachhinein würde ich nur eines anders machen: Ich hätte mir das, was Volker damals getan hat und den wir heute mehr denn je zu unseren engsten Freunden zählen, viel früher anschauen sollen, sodass wir nicht in einer Situation, in der wir so viel Druck hatten, hätten starten müssen. Es hätte keine Gaststätten gegeben und einige Sorgenfalten wären uns erspart geblieben. Das sage ich insbesondere den Partnern, die mir sagen, dass sie ja eigentlich „gar nicht müssten" …

Manuela Großpietsch

Folge deiner Intuition

Schon als kleiner Junge antwortete ich immer auf die Frage, was ich später denn mal werden möchte: „Millionär oder berühmter Schlagerstar."

Millionär deshalb, weil ich dann „meiner Mutter einen Nerzmantel kaufen" wollte. Als ich das viele Jahre später dann tatsächlich tun wollte und auch gekonnt hätte, meinte meine Mutter, dass sie doch gar keinen solchen Mantel brauche.

Jedenfalls hatte ich immer den Traum, etwas ganz Großes zu werden. Es verging in meiner Kindheit auch keine Woche, in der ich nicht mindestens viermal den Traum hatte, fliegen zu können – es war einfach wunderschön!

Was weiter für mich kennzeichnend war – und das ist auch so geblieben –, ist, dass ich mich schon immer für andere Menschen eingesetzt habe. Obwohl ich schon in der Schule so eine Art „Anführer" war (ich wurde in jeder meiner 13 Schuljahre zum Klassensprecher gewählt), war das Bedürfnis da, mich für die Schwächeren einzusetzen. Wenn es sein musste – damals –, sogar mit meinen Fäusten.

Nach meinem Abitur entschloss ich mich, Lebensmitteltechnologie zu studieren, schloss dieses Studium aber nicht ab, weil mein Sohn zur Welt kam und ich einfach schnell für den Unterhalt meiner Familie sorgen musste.

Gott sei Dank, kann ich im Nachhinein nur sagen. Mein Leben hätte einen ganz anderen Verlauf genommen!

Alleine aus dieser Feststellung heraus wird deutlich, dass ich mein Leben wieder so leben würde, denn es war bisher so aufregend, spannend und lebenswert, wie ein – insgesamt gesehen – glückliches Leben nur verlaufen kann – und dafür bin zutiefst dankbar.

Das bedeutet aber nicht, dass in meinem Leben alles glatt verlaufen wäre – oh nein – im Gegenteil. Da waren Tiefpunkte, die vielleicht so manch anderer Mensch zum Anlass genommen hätte, sich einen Strick um den Hals zu legen. Also, einfach hatte ich es nicht, denn ich hatte schon in jungen Jahren beschlossen, niemals angestellt sein zu wollen.

Seit meinem 14. Lebensjahr hatte ich fast immer auch Geld in der Tasche. Es vergingen keine Ferien, in denen ich nicht mindestens fünf Wochen Ferienarbeit leistete. Daneben war ich ein begeisterter Sänger und Gitarrist, was dann ca. 30 Jahre lang zu meinem Hobby und Nebenjob wurde. Das mit dem Schlagerstar hat nicht ganz geklappt, obwohl ich schon ganz nah dran war. In dem Jahr, als die Gruppe „WIND" mit dem Song „Lass die Sonne in dein Herz" den Grand Prix gewann, war ich ebenfalls beim Casting von Ralf Siegel. Ich war gut, aber sie meinten, dass dieses Jahr eine Gruppe besser wäre als ein Solist.

Und so ergaben sich noch viele weitere Chancen. Mit meinen Bands habe ich – auch international – sehr viele schöne Zeiten erlebt; aber ich war andererseits doch auch schon immer wieder und sehr gerne zu Hause.

Letztlich bin ich in der Musikbranche im Semi-Profibereich hängen geblieben und denke, dass das am Ende auch gut so war.

Außerdem war ich auch ein guter Fußballspieler. Mein Vater wollte mich immer zum Skirennläufer machen (damals hatte ich auch einige Preise gewonnen) – aber man kann eben nicht auf mehreren Hochzeiten tanzen. An Talenten fehlte es mir also nicht, nur merkte ich im Laufe der Jahre zunehmend, dass ich mich in der Show-Rolle – trotz vieler Anerkennung – doch nicht so ganz wohl fühlte. Die Anerkennung wurde mir im Laufe der Zeit zuviel, denn ich bemerkte auch, dass mich viele Menschen nur wegen meiner Talente anerkannten. Sie präsentierten mich wie eine Trophäe und viele haben mich ausgenutzt. Denn als es mir später sehr schlecht ging, war keiner mehr da. Und das ist auch der Grund, warum ich heute Anerkennung zwar genieße (wer mag das nicht?), aber sehr, sehr differenziert damit umgehe.

Was mich ab meinem ca. 24 Lebensjahr faszinierte, war das Lesen unzähliger Bücher zum Thema ERFOLG, LEBENSGESETZE, ALLTAGS-PSYCHOLOGIE. Das erste Buch war von Joseph Murphy „Die Macht Ihres Unterbewußtseins."

Ich habe diese Bücher verschlungen und konnte gar nicht genug davon kriegen. Heute weiß ich, dass die Beschäftigung mit diesen Themen sowohl für meinen Erfolg und auch für das Überstehen tiefster Lebens-Phasen ausschlaggebend und verantwortlich ist.

Die ersten vier Jahre nach meinem Studium war ich im Außendienst (auf Provisionsbasis – versteht sich). Die erste Firma hatte mir die zugesagten 10 % nach dem dritten Monat gekürzt, weil ich „zuviel Umsatz gemacht" habe. Man stelle sich das mal vor! Als ich dann die Firma verlassen wollte, boten sie mir an, die 10 % doch weiter zu bezahlen, aber „nicht mit mir" ... Ich hatte ganz schnell den gleichen Job bei der Konkurrenz.

Ich war kein Topverkäufer, aber ein Top-Service-Mann, und meine große Stärke war und ist, Vertrauen aufzubauen, Menschen das Gefühl zu geben, dass sie bei mir in guten Händen sind, dass ich mich für sie einsetze und für sie da bin.

Die nächste Firma versprach mir dann die Nachfolgeposition ihres Top-Außendienstlers, der im nächsten Jahr seinen 65. Geburtstag feiere. Ich war so fleißig wie noch nie! Der gab dann aber an seinem Geburtstag im Folgejahr bekannt, dass er noch fünf Jahre dranhängen würde. Ich machte noch ein Jahr weiter, arbeitete aber parallel dazu nebenberuflich schon in der Finanzbranche (Vermögensberatung). Auch hier kam ich gut vorwärts und verdiente nach ca. einem Jahr schon das Gleiche wie in meinem Hauptjob. Zum Leidwesen meines damaligen Chefs verließ ich dann die Firma und arbeitete hauptberuflich in der Vermögensberatung.

Als 1989 die Mauer fiel, wurden wir gefragt, wer im Osten mithelfen möchte, die Wirtschaft dort neu aufzubauen – das gefiel mir. Ich hatte den großen Ehrgeiz, den Menschen im Osten zu helfen und sie gut zu beraten. Es ging rasant nach oben und ich hatte viele neue Menschen kennen gelernt und betreut.

Dann geschah wieder das Gleiche wie Jahre vorher: Die Gesellschaft kürzte die Bewertung des Ostumsatzes um 50 % – weil dort leider auch viele Scharlatane unterwegs waren, die nichts anderes im Kopf hatten, als die Leute „über den Tisch zu ziehen". Mein damaliges Einkommen von ca. 18.000 bis 20.000 DM monatlich lies mich zögern, wieder alles hinter mir zu lassen. Ich wollte die Leute auch nicht im Stich lassen. Hinzu kam, dass die Tarife des Unternehmens für die Menschen im Osten auf Dauer nicht mehr guten Gewissens zu vertreten waren. Und so beschäftigte ich mich immer mehr mit Alternativen.

Ich verließ die Firma, verzichtete auf mein Einkommen und die bis dahin aufgebauten Rückstellungen und machte mich als Finanzmakler selbstständig, um meinen Leuten und Kunden Vorteile zu verschaffen.

Und wieder arbeitete ich wie ein Verrückter – und wieder ging es nach oben.

Allerdings war in diesen Jahren auch ein anderer Traum aufgetaucht und ich konnte mich dieses Traums einfach nicht entziehen: Ich wollte Menschen helfen, ihre Persönlichkeit zu entwickeln, all das, was ich mir innerhalb der letzten 15 Jahre angelesen hatte, weitergeben. Ganz nebenbei bemerkt habe ich in all diesen Jahren auch sehr viele Seminare besucht und bestimmt alleine dafür ca. 50.000 DM investiert.

Also absolvierte ich parallel zu meiner Tätigkeit eine Ausbildung in Bremen. Der damalige Ausbilder und ich wurden Freunde und er bot mir an, etwas Großes im Seminarbereich aufzuziehen. Die Zeit war reif, die Finanzbranche zu verlassen. Zehn Jahre harte Arbeit und Aufbau hatten mich ausgezehrt. Übrigens führen zwei meiner damaligen Ostpartner heute eines der erfolgreichsten und seriösesten Maklerunternehmen in Thüringen. Ich habe ihnen meinen gesamten Bestand übergeben und sie haben etwas daraus gemacht. Tolle „Jungs"! Ich bin heute noch stolz auf sie!

Nach vier Jahren Aufbauarbeit, intensivster Anstrengungen und Investitionen in Höhe von fast 350.000 DM war ich dann mit meiner Firma im Bereich der Persönlichkeitsentwicklung am Ende. Unser größter Auftraggeber war von heute auf morgen verschwunden und alles war umsonst. Weitere Anstrengungen und Investitionen folgten. Ich wollte nicht aufgeben. Aber es ging einfach nicht mehr. 1995 war die Pleite da und ich wusste nicht mehr, wie es weitergehen sollte. Wir mussten unsere Miete schuldig bleiben, die Bank machte Druck ohne Ende. Die vielen anderen Gläubiger waren mir ebenfalls im Nacken. Mein erster Geschäftspartner hatte das wohl schon eher erkannt und war ein Jahr vorher ausgestiegen.

Ein weiterer Partner, der hinzugekommen war, hat sich ungeheuer engagiert – nur leider hatte er keine finanziellen Mittel. (Auch er blieb pleite. Heute ist Herrmann erfolgreiche Führungskraft in einem Network-Marketing-Unternehmen. Ich freue mich für ihn, bin aber zutiefst überzeugt, dass er zu unserem Unternehmen wesentlich besser passen würde. Hallo Herrmann, vielleicht liest du das ja mal! ☺)

Und jetzt zeigte sich, wie sich Menschen verhalten können, die dich vorher hochgejubelt haben und vorgaben, deine Freunde zu sein. Ich kann hier nicht beschreiben, in welcher Verfassung ich war und was ich zu dieser Zeit für ein Menschenbild hatte. Es war auf jeden Fall eine Zeit der Demütigung, der Tränen, der tiefsten seelischen Verletzungen. Ich wusste, dass jetzt der Zeitpunkt gekommen war, auf den viele schon lange gewartet hatten. Denn die meisten Menschen können nicht damit umgehen, wenn jemand es wagt, andere Wege zu gehen und sein Denken und Handeln in eine andere Richtung zu lenken als sie selbst.

Einige meiner guten Bekannten brachten mich damals sogar soweit, dass ich am Stammtisch in Tränen ausbrach – ein „gestandener Geschäftsmann“ mit 46 Jahren!

Nun, eines war für mich immer (auch damals) klar! „Wer nie verliert, hat den Sieg nicht verdient“! Dieses Lied von Udo Jürgens hatte mich schon viele Jahre begleitet und jetzt holte ich es wieder in mein Bewusstsein und hörte es wieder und immer wieder. Ich war mir vollkommen sicher, dass es für mich trotz allem wieder aufwärts gehen würde, denn ich kannte die Lebensgesetze und ich war mir bewusst, dass das, was mir widerfahren ist, eine Ursache hat, für die nur ich – sonst niemand – verantwortlich bin.

Ich hatte einfach zu lange ein Pferd geritten, das schon längst tot war. Ich hatte die Realität übersehen. Heute würde ich sagen: Ich war und bin ein spiritueller Mensch, aber ich hatte im Laufe der Zeit die Erdung verloren. (Deshalb wurde im Laufe der Jahre der Begriff „Geerdete Spiritualität“ zu einer meiner Lieblingsvokabeln.)

Mir blieb nichts anderes übrig, als die Demütigung hinzunehmen, innerhalb meines Wohnortes jeden Tag in einem kleinen Kiosk zu stehen und Zeitschriften und Rauchwaren zu verkaufen. Wir konnten uns damit zumindest über Wasser halten.

Meine Verbindlichkeiten konnte ich allerdings damit nicht abtragen. Und so stellten wir uns eine Liste aller Gläubiger auf und vereinbarten Ratenzahlungen. Mir war nur wichtig, dass meine Gläubiger erkannten, dass ich gewillt war, meine verursachten Schulden im Laufe von Jahren wieder abzutragen. Und ich hatte die innere Gewissheit, dass ich das schaffen würde!

1999 dann lernte ich Network-Marketing kennen und es war für mich die einzige Möglichkeit, ohne nennenswerte Investitionen wieder ein Geschäft aufzubauen und meine Stärken einzusetzen.

Ich ging aus dem Kiosk. Meine Frau führte ihn mit zwei Aushilfskräften weiter und ich arbeitete mit neuen Visionen und getragen von dem unerschütterlichen Glauben, in einigen Jahren wieder und endlich bankenunabhängig zu sein und meiner Familie wieder ein Leben in Wohlstand und Zufriedenheit bieten zu können.

Mein Glaube an den „Sieg" war – wie gesagt – unerschütterlich und so kam es, dass ich mich innerhalb von zwei Jahren zu den Top-Ten-Führungskräften des Unternehmens in Deutschland und Österreich hocharbeitete, welches in guten Zeiten über 300.000 Berater hatte. Von wegen „passives Einkommen"! Erstmal hieß es arbeiten. Ich verdiente so viel Geld, wie noch nie in meinem Leben, und war innerhalb von knapp vier Jahren wieder schuldenfrei. Die vielen Auszeichnungen und Anerkennungen waren wieder schön – ich war endlich wieder JEMAND.

Auch in meinem Heimatort sprach es sich herum – an den verloren gegangenen Beziehungen hat sich aber wenig geändert – und ich suche sie auch nicht. Ich habe im Laufe der sechs Jahre so viele Gleichgesinnte und gute Menschen kennen gelernt wie nie zuvor. Einen der wertvollsten Menschen, die in mein Leben getreten sind, möchte ich mir erlauben, hier zu erwähnen. Wir sind ganz enge und echte Freunde geworden: Dirk Jakob, der Ideen- und Herausgeber dieses Buches.

… allerdings auch viele Pharisäer, Nutznießer, Trittbrettfahrer. Es gibt sie überall – und trotzdem habe ich wieder den Fehler gemacht, mich von einigen Leuten blenden zu lassen, und auch innerhalb des Systems wieder viele schmerzhafte Enttäuschungen erlebt. Letztlich habe ICH dies aber – und eine Fehlentwicklung – diesmal frühzeitiger erkannt als andere und bin (trotz Ruhm und hohem Einkommen) wieder meinem Herzen gefolgt.

Wieder habe ich ca. 30.000 Euro monatlich fallen lassen und habe – diesmal aber nicht aus einem äußeren Zwang – mich von diesem ersten Network-Marketing-Unternehmen getrennt. Irgendetwas sagte mir: Du musst einen anderen Weg gehen! Runter von der Bühne, raus aus dem Glamour, „leiser" auftreten, keine Massenbewegungen, sondern noch mehr Wert legen auf innige Beziehungen und persönliches Coaching.

Viele meiner Partner des vorherigen Unternehmens sind dort geblieben und ein paar wenige haben mich auch verurteilt. Das tat weh! Aber sie hatten die Wahl! Im Stich gelassen habe ich keinen, weil sie durchweg über Jahre das Know-how vermittelt bekamen, nun auch ohne mich Führungskräfte zu entwickeln.

Ich habe aber – denke ich – im Laufe der letzten Jahre erkannt, worauf es ankommt, um dauerhaft erfolgreich zu sein: „Klammere dich nicht nur an materielle Werte, sondern folge den tiefen Bedürfnissen deines Inneren und bleib DU SELBST. Damit ziehst du Menschen in dein Leben, die ebenso sind – und diese Menschen sind es wert, dass du dich für sie einsetzt!"

Jetzt habe ich das erste Mal in meinem Leben ein absolut sicheres Gefühl, auf dem richtigen – auch inneren – Weg und beim richtigen Unternehmen zu sein. Alles spricht dafür. Aber ich weiß, dass mir auch hier wieder diese Menschen begegnen, die nur ihre Vorteile sehen und mein Know-how anzapfen wollen. Ich bin im Lauf der Jahre extrem sensibel dafür geworden und habe gelernt, mich in bestimmten Situationen und Momenten abzugrenzen.

Das Leben ist spannend und schön, wenn du es in die eigenen Hände nimmst. Der Preis für diese Freiheit muss nicht immer so hoch sein wie bei mir. Manche brauchen eben etwas länger ... so wie ich!

Network-Marketing ist für mich die höchste Form der Selbstständigkeit und ein System, in dem du innerhalb relativ kurzer Zeit so viel über Menschen lernst wie nirgendwo anders. Schade ist nur, dass es immer noch viel zu wenige selbstverantwortliche Menschen in unserem Land gibt. Und viele von denen, die es theoretisch könnten, entweder die Nase zu weit oben tragen oder sozial inkompetent sind. Aber auch das wird sich ändern – da bin ich sehr zuversichtlich.

Über Network-Marketing diskutiere ich nicht. Wer dieses Geschäft so sieht, dass es nicht stolz machen könnte, es zu betreiben, ist entweder falsch oder zu wenig informiert oder er hat noch nicht begriffen, wie wichtig es in der heutigen Zeit ist, neue Wege zu gehen und diese Wege anderen aufzuzeigen und sie zu begleiten.

Network-Marketing ist eine Aufgabe, der sich jeder verantwortungsbewusste Mensch stellen könnte/sollte. Und wenn er es nur dafür tut, dass er sich damit beschäftigt und sieht, wie vielen Menschen es bereits geholfen hat, ihr Leben neu und glücklich zu gestalten. Auf Scharlatane in der Branche gehe ich nicht ein. Die gibt es in jeder Berufsgruppe!

Zu guter Letzt sei es mir gestattet, mich bei all den Menschen zu bedanken, die mir ihr Vertrauen schenken! Insbesondere aber auch bei meiner Frau Doris, die mit mir durch dick und dünn gegangen ist und nie den Glauben an mich verloren hat.

Robert Merkel

Auf eigenen Beinen stehen

Ich bin jetzt 37 Jahre alt und ich kann sagen, dass in meinem Leben nicht alles so nach Plan gelaufen ist, wie man sich das gemeinhin vorstellt. Behütet aufgewachsen in einer Kleinstadt kam die erste harte Erfahrung, als ich mit 15 Jahren meinen Vater verlor. Als er starb, musste ich mich gegen fünf Frauen (drei ältere Schwestern, Mutter und Großmutter) behaupten, die immer alles besser wussten. Als nach dem Abitur die Zeit des Zivildienstes begonnen und ich zum ersten Mal etwas mehr Geld in der Tasche hatte, begann ich dann meine ersten Erfahrungen mit Haschisch und Gras zu machen. Die Nächte waren lang, die Partys heiß und wir hatten jede Menge Spaß. Nur leider hat uns keiner den Preis genannt, den wir für dieses Leben zu zahlen hatten.

Nach dem Zivildienst habe ich eine Schreinerlehre angefangen. Während dieser Zeit habe ich weiterhin konsumiert, bis zu dem Punkt, an dem ich fast in der „Klapsmühle" gelandet wäre. Da hatte ich dann endlich eine Idee vom Preis, der zu zahlen ist. Knapp vor der Psychose habe ich erst einmal die Notbremse gezogen, keine Drogen mehr angerührt und meine Lehre clean und erfolgreich zu Ende gebracht.

Nach der Ausbildung habe ich mich entschlossen zu studieren; ich wollte Klavierlehrer werden. In meiner Jugend habe ich schon ganz passabel gespielt, trotzdem musste ich mich ca. ein Jahr lang auf die Aufnahmeprüfung vorbereiten, auch weil ich noch ein Zweitinstrument (Kontrabass) spielen lernte. Während des Studiums bin ich wieder in die Kifferei abgerutscht und habe bis zum September 1999 so um die 800 DM pro Monat für meine Sucht ausgegeben. Clean geworden bin ich durch eine Art Pilgerwanderung, die von Berlin bis Trier geführt hat. Das sind ca. 1.000 km und ich bin ungefähr 700 km davon mitgegangen.

Wir waren eine Gruppe von acht Leuten und hatten keinen Pfennig Geld in der Tasche. Unterwegs haben wir um Verpflegung und Unterkunft gebettelt. Das war eine ganz starke Erfahrung, die mich bis heute geprägt hat. Auch habe ich schon einmal eine Woche in Berlin ohne einen Pfennig in der Tasche gelebt. Dies geschah im Rahmen eines buddhistischen Seminars, in dem es darum ging, selbst einmal die Erfahrung zu machen, sich als Obdachloser zu fühlen. Also offen für Neues war ich schon immer.

So bin ich auch zu meinem jetzigen Job gekommen, den ich schon sehr bald an den Nagel hänge: Ich arbeite zurzeit halbtags als Jugendsozialarbeiter in einer kleinen ländlichen Gemeinde. Das heißt, ich kümmere mich um die Jugendlichen, die schon durch alle Netze gefallen sind. Dafür bin ich nicht ausgebildet, jedoch wurde meine pädagogische Ausbildung, die ich durch mein Studium erworben hatte, als ausreichend erachtet. Ich habe diesen Job angenommen, weil ich an einem Punkt angelangt war, an dem es mir finanziell absolut schlecht ging. Außerdem war es für mich die Chance, einer geregelten Arbeit nachzugehen, um endlich einmal etwas Geld in meine Rentenversorgung einzuzahlen. Bis dahin hatte ich entweder gekellnert, Parkett gelegt, auf Mittelaltermärkten gearbeitet oder war auch einmal eine Woche bei einer Zeitarbeitsfirma. Und von Network-Marketing hatte ich bis dahin auch noch nichts gehört.

Nun – nach vier Jahren Jugendsozialarbeit – kann ich für mich sagen, dass ich ziemlich ausgebrannt bin und keine Lust mehr auf diese Arbeit habe. Als ich anfing, war ich noch davon überzeugt, diesen Beruf mein Leben lang ausüben zu können. Ich wollte helfen und einfach meinen Beitrag zur Verbesserung der Situation mancher Jugendlicher leisten. In der Realität oder besser gesagt: in meinem Berufsalltag, ist es aber leider so, dass die Erfolgsquote sehr gering ist. Um nur zwei Beispiele zu nennen: Sowohl einem Jugendlichen eine Ausbildung oder ein Praktikum zu vermitteln, als auch einen Jugendlichen eine Therapie für den Drogenentzug schmackhaft zu machen, ist sehr schwer. In dieser Arbeit ist das Verhältnis von Input zu Output nicht in Balance. Und so fühlt es sich auch an.
Trotz der Gewissheit, einen Job zu haben und jeden Monat pünktlich mein Geld zu bekommen, ist mir klar, dass es so nicht mehr weitergeht. Ich werde mir nicht gerecht und meinen Klienten auch nicht. Ganz zu schweigen von meiner Umwelt.

Vor zwei Jahren habe ich von einer sehr guten Freundin von der Geschäftsmöglichkeit des Network-Marketings erfahren. Weil ich dieser Freundin vertraue, habe ich nicht lange gezögert und mir gleich selbst die Produkte bestellt – und auch sofort losgelegt, zu sponsern. Mir war klar geworden, dass dies die Möglichkeit darstellte, mich aus der Falle der Jugendsozialarbeit zu befreien.

Ich habe fantastische Möglichkeiten gesehen, wie ich mir mein Leben gestalten kann. Das Häuschen in Südfrankreich war ganz klar vor meinen Augen, ich habe schon gespürt, wie sich das Leder in meinem Mercedes anfühlt, und gehört, wie mein Steinway-Flügel klingt. Mit viel Enthusiasmus und fast missionarischem Eifer habe ich begonnen, zu sponsern, und bei vielen Leuten bin ich auf fruchtbaren Boden gestoßen; bei manchen habe ich auch verbrannte Erde hinterlassen. Manche haben mich nicht ernst genommen, andere haben mich in einem ganz neuen Licht gesehen. Aus den Reaktionen, die mir entgegengebracht wurden, konnte ich tatsächlich erkennen, wie man mich einschätzte und wie wenig Wertschätzung man mir zum Teil entgegenbrachte. Es ging sogar soweit, dass mir ein bis dahin enger Freund den Vorwurf machte, ich sei in einer Sekte. Dies hat mich aber nicht davon abhalten können, weiter an die Möglichkeit zu glauben, mit Network-Marketing mein Leben zu verändern.

Bis zu einem gewissen Zeitpunkt habe ich keine Geschäftspartner finden können, sondern nur Produktkonsumenten. Damit war das Wachstum leider sehr begrenzt. Wenn es anders gewesen wäre, dann hätte mich die Ablehnung aus der eigenen Familie nicht so hart getroffen; dazu kam noch, dass meine älteste Schwester in ein Konkurrenzunternehmen eingestiegen ist. Aber meine Begeisterung bekam noch einen ganz anderen Dämpfer: Meine liebe Freundin, mit der ich ca. ein halbes Jahr zusammenlebte, als ich mit Network-Marketing anfing, stand der Sache äußerst skeptisch gegenüber. Ich wäre doch kein Verkäufer und das sei doch alles nicht seriös und überhaupt auch viel zu teuer, das Schneeballsystem funktioniere nicht – und alle anderen Einwände, die man so zu hören bekommt. Das hat mich sehr deprimiert und ich hatte das Gefühl, allein auf weiter Flur zu stehen, und war so langsam ziemlich am Ende meiner Weisheiten angelangt! Um so mehr hat es mich überrascht – und natürlich auch sehr gefreut –, dass meine Freundin dann doch offen war und gesagt hat, dass sie die Produkte ausprobieren wolle, bevor sie sich ein Urteil erlaube. Mittlerweile ist sie begeistert und ich bin erleichtert, dass mir zu Hause kein Gegenwind mehr ins Gesicht bläst. Gemeinsam haben wir sogar mit dem Rauchen aufgehört – und daran sind zu einem erheblichen Teil sowohl die Idee des Network-Marketings als auch die entsprechenden Produkte nicht unbeteiligt.

Inzwischen hat ein guter Freund von mir die Geschäftsmöglichkeit be- und ergriffen. Wir haben bis jetzt ein kleines, aber feines Team aufgebaut und die Zusammenarbeit ist sehr motivierend. Mir ist zwischenzeitlich auch klar geworden, dass man, wenn man nicht aus dieser Branche kommt (und wer tut das schon?), erst einmal seine Hausaufgaben machen muss und einiges zu lernen hat. In diesem Zusammenhang bin ich auch schon oft an meine Grenzen gestoßen, da ich mich nicht zu den geduldigsten Menschen zähle.

Fazit für mich ist auf jeden Fall, dass ich durch Network-Marketing deutlich entspannter in die Zukunft schaue und deshalb Ende des Jahres meinen Job als Jugendsozialarbeiter aufgeben werde und den Schritt in die Selbstständigkeit wage. Dies kann ich mir erlauben, weil ich mir innerhalb der letzten vier Jahre, neben meiner halben Stelle, auch einen kleinen Stamm von Klavierschülern aufgebaut habe und so gut von beiden Geschäften leben kann. Die Entscheidung, auf eigenen Beinen zu stehen, erfüllt mich zurzeit mit großer Freude.

Joachim Müller

Ich würde es wieder tun!!!

Ich war die älteste von zwei Töchtern, als wir in den 50er Jahren von der ehemaligen DDR nach Westdeutschland geflüchtet sind. Als ich in der „neuen Heimat", in Kleve am Niederrhein, in die Schule kam, konnten die Kinder schon die ersten Wörter lesen und schreiben. Durch diesen Vorteil und ihren Dialekt, den ich nicht verstand, fühlte ich mich schnell als Außenseiterin – außerdem hatte ich schreckliches Heimweh.

Es kamen noch drei Schwestern dazu, die beiden letzten sind 14 und 16 Jahre jünger als ich. Da mein Vater die ganze Woche als Fernfahrer unterwegs war und meine Mutter alles zu managen hatte, stand ich ihr tapfer zur Seite. Nach dem vierten Schuljahr hat meine Klassenlehrerin den Eltern empfohlen, mich auf das Lyzeum zu schicken, und ich war sehr stolz, als einziges Arbeiterkind die sog. höhere Schule zu besuchen. Weil ich wegen einer sehr komplizierten Schilddrüsenoperation, die drei mehrmonatige Krankenhausaufenthalte erforderte, ziemlich viel in der Schule verpasste, suchte meine Mutter eine Lehrstelle für mich.

So kam es, dass ich nach der Mittleren Reife Rechtsanwaltsgehilfin lernte, statt meinen Traum, Kunst zu studieren, zu verwirklichen.

Ich schaffte es, die dreijährige Ausbildungszeit auf anderthalb Jahre zu verkürzen, blieb in diesem Büro und arbeitete mich über Zwangsvollstreckung u. ä.

„hoch" zur Bürovorsteherin, wo ich dann auch Zivil- und Strafsachen bearbeitete. Nebenbei studierte ich in Holland Seidenmalerei.

Ich heiratete sehr jung, baute mit meinem ersten Mann unser Traumhaus und fing wieder an zu träumen. Dieses Mal von meinen acht Kindern, die durch das Haus toben sollten ... von ganz viel Spaß und Lebensfreude. Wenn ein Ehepaar aber in verschiedenen Welten lebt, verschiedene Träume hat, gibt es irgendwann die Zeit der Entscheidung. Eines Tages schnürte ich mein Bündel und machte mich allein auf den Weg. Mit ein paar persönlichen Sachen in meinem Golf verließ ich Mann und Traumhaus, fuhr in Richtung Süddeutschland und arbeitete ein paar Monate als Empfangs- und Hotelsekretärin im Schwarzwald – Kost und Logis hatte ich ja im Haus.

Danach bewarb ich mich als Chefsekretärin im Kreis Esslingen, wohnte möbliert, hatte ein sehr gutes Gehalt, ging aber nach einem Jahr wieder zurück an den Niederrhein zu meiner Familie. Hier verdiente ich mein täglich Brot als Sekretärin des Direktors einer italienischen Firma, die exklusive Mieder- und Bademoden sowie Nachtwäsche herstellte, mietete ein kleines Haus und träumte vom großen Glück.

Als ich ein Jahr später meinen zweiten Mann kennen lernte, zogen wir gemeinsam aus beruflichen Gründen in den Großraum Stuttgart, wo ich eine Zeit im Verkehrsamt der Landeshauptstadt in der Abteilung Öffentlichkeitsarbeit tätig war. Das beinhaltete auch: Organisation, Ablauf und Verpflichtung der Künstler für das Variete-Theater auf dem Killesberg.

Ich fing wieder an, von einer großen Familie, einem Haus mit Garten zu träumen ... Die Wirklichkeit gestaltete sich jedoch ganz anders: Im Laufe der folgenden Jahre habe ich mehrere Schwangerschaften erlebt und meine Kinder im sechsten und siebten Monat verloren. Und das auch später, nachdem ich als sog. „Risikoschwangere" monatelang im Krankenhaus liegen musste und alle Vorsichtsmaßnahmen ergriffen worden sind. Es waren schlimme Jahre, aber das Glück war mir trotzdem hold: Am 7. Mai 1984 kam mein erstes und einziges Kind auf diese schöne Welt, mein Sohn Jochen.

Nach weiteren drei Fehlgeburten durfte ich nicht mehr schwanger werden. Inzwischen hatte man herausgefunden, dass ein Arzt mir vor Jahren zuviel vom Muttermund weggeschnitten hatte und ich die Kinder verloren habe, weil sie schwerer wurden und auch trotz Cerclage nicht gehalten werden konnten, bevor es ihnen möglich war, aus eigener Kraft zu atmen. Heute würde das anders aussehen. So musste ich den Traum von einer großen Familie begraben.

Als mein Sohn in den Kindergarten ging, fing ich wieder an zu malen, unterrichtete auch an den Volkshochschulen und habe in einigen Galerien ausgestellt.

Ende 1996 lernte ich ein Produkt kennen, welches im Network-Marketing vertrieben wurde. Das Produkt gefiel mir, die Vertriebsform kannte ich nicht. Durch Weiterempfehlung und entsprechende Nachfrage wurde ich 1997 Networkerin ohne irgendwelche Kenntnisse. Der Galerist, der mich gesponsert hatte, kannte das System selbst nicht und fiel irgendwann aus, sodass ich an dessen Upline „vererbt" wurde.

Unterstützung hatte ich zwar keine, aber ich war begeistert und fand es sehr spannend, als ich Meetings besuchte und feststellte, welche Geschäftsidee dahinter steckte. Während mein „Stief-Sponsor" mich als produktverkaufende Hausfrau abtat, arbeitete ich wieder mit Elan an meinen Träumen, die da hießen, genug Geld im Alter zu haben – und vor allen Dingen einen zweiten Wohnsitz in Italien. Ich träumte von einem Haus, das gleichzeitig eine Begegnungsstätte für Menschen ist, die allein sind und sich kreativ betätigen wollen, ob durch Malen, Töpfern, Tanzen ... Ich selbst will dort meine Bücher schreiben und endlich wieder malen!!!

Die ersten Jahre in meinem Network-Geschäft waren hart. Meine Familie hatte wenig Verständnis für meine seltsame Tätigkeit. Ich fuhr zu Vorträgen, Seminaren, Schulungen, war öfter am Wochenende unterwegs und hatte abends Termine. In dieser Zeit habe ich sehr viele fremde Menschen kennen gelernt, habe in unzähligen Wohnzimmern gesessen und bin oft nach Hause gekommen, wenn „normale Leute" schon den ersten Schlaf hinter sich hatten. Wenn ich mein Zuhause verließ, hatte ich oft das Gefühl, einen Stacheldraht in mir zu haben, der zwei Seiten teilt. Was tue ich, ist das in Ordnung? Bin ich keine gute Mutter, Ehefrau und Hausfrau?

Manchmal ging es mir richtig schlecht und ich hatte Stress mit meinem Gewissen. Dabei machte es mir auf der anderen Seite Spaß und Freude, mit Menschen zusammen zu sein, ihre Geschichten zu hören und ihnen zu helfen, sich mit mir etwas aufzubauen. Wenn ich diese Zweifel hatte und sie überhand nehmen wollten, dachte ich an meinen Traum und dass ich es meiner Familie beweisen wollte, was in mir steckt und was ich erreichen kann. Mein Mann rechnete mir meinen Stundenlohn vor, wenn ich mit oder für meine Teampartner unterwegs war, wenn Menschen in unserem Wohnzimmer saßen, eine Lotion kauften und Raum und Zeit vergaßen, weil sie mir unbedingt ihre Lebens-, Leidens-, Familien-, Ehe-, Kinder- oder Arbeitsgeschichten erzählten.

Dazu kam noch, dass ich mit 34,80 DM im Monat keine großen Sprünge machen konnte, denn das war mein erster Scheck, die weiteren wurden nur sehr, sehr langsam höher.

Ich bin daran gewachsen, habe nicht aufgegeben, immer an meine Träume geglaubt und so hat es sich entwickelt. Mit der Zeit hatte ich in Deutschland mehrere Teams aufgebaut und gehörte nach drei Jahren zur Führungsmannschaft unserer Firma. Ich konnte mir keine schönere Arbeit vorstellen als Menschen zu helfen, ein zweites Standbein aufzubauen, oft später sogar einen Hauptberuf daraus zu machen und miteinander in Richtung Erfolg zu marschieren. Ich wünschte, dass es immer so weitergehen möge.

Meine Familie und ich haben dadurch viel erlebt und gesehen: Wir waren in New York, Dallas, San Francisco, Vancouver, Mexiko usw. Mein Traum von Italien rückte auch immer näher, wir waren sogar schon am Lago Maggiore und in Umbrien, um Objekte anzuschauen.

Es kam wieder alles anders. Begonnen hat es damit, dass Menschen in „meine Network-Firma" kamen, die auf ihre Weise an dem seinerzeit boomenden Erfolg teilhaben wollten. Menschen, die dafür bekannt waren, dass sie schon mehrere Networks und Menschen benutzt hatten, indem sie ein paar Jahre ganz strukturiert eine „Firma in der Firma" gründeten und in ihren rhetorisch hervorragenden und gleichzeitig puschenden Vorträgen Menschenmassen begeisterten. Die auf diese Weise gewonnenen Menschen haben sich in ihrer Euphorie für einen hohen Betrag in die Firma „eingekauft", um einen bestimmten Level zu erreichen, und damit waren die „bekannten Networkhaie" jeweils auch um etliche Stufen weiter. Das gab es vorher nicht und es stellte die „normale saubere" Arbeitsweise von vielen auf den Kopf. Wen interessierte das? Umsatz war gefragt und Umsatz wurde gemacht. Die Newcomer katapultierten sich schnell an die Spitze und es war ihnen egal, wie es den Menschen in den unteren Reihen ging ...

Die Menschen in meinem Team waren verunsichert, verzweifelt. Wir saßen nächtelang zusammen, diskutierten, versuchten neue Methoden; letztlich rannten wir jedoch gegen Wände. Mein Telefon stand nicht mehr still, meine Kollegen haben geweint, gejammert, geflucht, um Hilfe gebeten ... Ich fühlte mich für mein Team verantwortlich, konnte nicht mehr schlafen.

Viele vorausgegangenen Dinge und schließlich die Summe vom Ganzen führten in dieser Zeit auch noch dazu, dass mein Mann und ich uns trennten. Ich zog aus unserem Haus aus und mietete zwei Orte weiter eine Wohnung.

Man hat immer zwei Möglichkeiten – ich auch. So konnte ich einfach nicht weitermachen wie die drei Affen: nichts sagen, nichts sehen, nichts hören. Auch wenn mein Geschäft zurückging, verdiente ich immer noch genug Geld. Aber darum ging es mir gar nicht. Ich habe eine andere Werteskala. In meine Überlegungen hinein erzählte mir eine Kollegin, die auch eine hohe Position in unserer Firma hatte, von einer anderen Network-Firma in ihrem Nachbarort. Der Inhaber sollte ein erfahrener Networker und in Sachen Produkte sehr kompetent sein.

Bei meinem ersten Besuch war ich eher skeptisch, ablehnend und misstrauisch. Der Inhaber zeigte sich verständnisvoll, war über unsere Lage sehr gut informiert und kannte die Menschen, die in „meiner Firma" ihr Unwesen trieben. Er schilderte uns auch genau den bisherigen Ablauf und sagte uns, wie es weitergehen würde. Bei mir drehte sich alles. Bei der nächsten Leaderbordsitzung unserer Firma wurde mir schlecht – das konnte es doch nicht geben.

In der Zeit, in der ich keine Kraft mehr hatte und auch keinen Schutz von irgendeiner Seite, habe ich eine Handvoll meiner wichtigsten Teampartner eingeladen, um mit ihnen über die Alternative des neuen Networks, das ich kennen gelernt hatte, zu diskutieren und ihre Meinung zu hören. Mein größtes Bestreben war, soweit möglich zu erreichen, dass wir nicht in alle Himmelsrichtungen auseinander laufen.

Heute weiß ich, dass es ein Fehler war. Ich habe es zwar nur gut gemeint, mit offenen Karten gespielt und dabei mehr an meine Partner als an mich gedacht, aber diese kannten meine Insiderinformationen nicht. Ich hatte ihnen nie die Ausmaße der Katastrophe bewusst gemacht, die ich befürchtete. Wie sollten sie das dann so schnell nachvollziehen?

Viele glaubten noch an irgendeine Lösung bei unserer alten Firma; und jetzt komme ich, die in der ganzen Zeit – jedenfalls nach außen – wie ein Fels in der Brandung stand, mit einem Alternativvorschlag?

Die Präsentation der neuen Firma am nächsten Tag, an der ein paar von meinen Kollegen teilnahmen, verlief ganz anders, als es vorher angekündigt worden war.

Tatsache ist, dass ich von meiner Firma, in der ich in sieben Jahren ein Millionengeschäft aufgebaut habe, ab sofort kein Einkommen mehr erhielt. Ich war damals zu schwach, mich zu widersetzen. Es war der dunkelste Sommer meines Lebens. Plötzlich war ich sehr allein, denn in der Not gehen tausend Freunde auf ein Lot.

Bei der anderen Firma habe ich nie richtig Fuß gefasst. Es stellte sich schnell heraus, dass die Dinge nicht die waren, die sie zu sein schienen – und auch nicht die Menschen. Für mich war u. a. ein Satz ausschlaggebend, den dieser Mann nicht nur einmal zu mir sagte: „Sonja, du bist ein wunderbarer Networker, du hast nur einen Fehler: Du hast ein zu großes Herz!"

Ja, klasse – das war doch genau mein Thema: Ich wollte mit Herz und Kompetenz dieses tolle Geschäft betreiben, aber nicht dort, wo Systeme missbraucht und Menschen verbrannt werden. Natürlich weiß ich, dass es solche „schwarzen Schafe" in jeder Branche gibt –, aber ich wollte eben das Geschäft so betreiben, wie es mir mein Herz gesagt hat. Er versuchte zwar, mich mit bestimmten Beträgen für evtl. Vorträge, Auto, Wohnung noch zu halten, aber ich war Lichtjahre davon entfernt, auf seine Angebote einzugehen.

In dieser Zeit zog ich mich total zurück, tauchte ab, war völlig am Ende, wollte niemanden mehr sehen oder sprechen. Ich lebte von fast nichts und mein Sohn räumte sein Sparbuch, damit ich die Miete bezahlen konnte. Ich kann mich nur noch daran erinnern, dass zwei Menschen auf der Welt wussten, wie es mir geht, mein Sohn und meine Freundin Conny, die beide bedingungslos zu mir gehalten haben.

Wann habe ich mich wieder aufgerappelt? Keine Ahnung. Es kamen zwar Angebote ins Haus von Networks, die die besten, die neuesten, die erfolgreichsten seien ... Ich habe mich nicht näher damit befasst, denn die Sprüche der Networkhaie sind immer die gleichen. Sie schüren große Erwartungen, geben nichts und locken die Menschen mit Versprechungen. Das war schon immer so und wird wahrscheinlich auch so bleiben. Und es sind dann vor allem die gierigen Menschen, die auf so etwas hereinfallen …

Dieser Film dauerte bei mir ein paar Monate, ich war außerstande, irgendetwas zu bewegen, bis mir dann wieder einfiel: Jeder hat immer zwei Möglichkeiten, ich auch. Entweder ich rutsche tiefer in das Loch und leide und finde alles so furchtbar ungerecht oder mein Kampfgeist erwacht, ich krabbele wieder raus und halte das verheulte Gesicht in die Sonne! Ich träumte wieder von Italien ...

In dieser Zeit telefonierte ich mit einem Mann, der in der „alten Firma“, immer mein Lieblingskollege war. Wir wohnen zwar hunderte von Kilometern entfernt voneinander, haben in verschiedenen Linien gearbeitet, sind uns aber oft begegnet und hatten immer einen guten Draht zueinander.

Ich mochte ihn deshalb, weil er den Mund aufmachte und seine Meinung sagte, während andere sich hinter dem Rücken beschwerten.

Dieser Mann, Robert heißt er, fuhr seinerzeit auf der A 8 ein paar Kilometer an meiner Haustür vorbei. Also beschlossen wir, dass wir uns auf eine Tasse Kaffee treffen – so haben wir uns nach fast einem Jahr wieder gesehen. Als ich erfuhr, dass Robert aus dem gleichen Grund wie ich „unsere Firma" verlassen wollte, erklärte ich ihm ganz ehrlich, wie es mir ergangen ist.

Da wir die gleichen Werte haben, stand sein Entschluss fest, und wir vereinbarten, dass er mir seine zukünftige Firma und die damit verbundenen Perspektiven vorstellen wollte. Gesagt, getan.

Ich habe das Buch gelesen, das die weltweit erfolgreichste Frau in der von Robert ausgesuchten neuen Firma geschrieben hat, und fand mich auf jeder Seite wieder. So, genauso, hatte ich früher gearbeitet! Also ist es doch möglich – juhu!!! Es fühlte sich an wie Verliebtsein, ich hatte wieder Schmetterlinge im Bauch.

Von geliehenem Geld kaufte ich ein weiteres Buch, ließ es signieren und schenkte es meiner Freundin Conny, die gerade in dieser Zeit Geburtstag hatte. Und dann nahm alles seinen Lauf.

Ich ließ mich von Robert sponsern, lernte meine Lieblingsautorin und Mentorin Gabi persönlich kennen, wurde nach Mallorca eingeladen, wo ich ein paar Tage mit den Firmengründern verbringen konnte, die ich dann auch entsprechend „gelöchert" habe (nach dem Motto: „Was passiert, wenn ...?"), denn ich war ja ein „gebranntes Kind". Die Herren wurden nicht müde, mir Klarheit darüber zu verschaffen, dass hier alles anders ist. Die Gründe dafür bekam ich geliefert und bewiesen.

So startete ich mit meiner besten Freundin, die genauso wenig Geld hatte wie ich und die seit fünf Jahren das denkmalgeschützte Haus ihrer Vorfahren mit ihrem Bruder in Eigenarbeit umbaut, zwischendurch eine Tochter geboren hat und mehr als halbtags in einer Arztpraxis arbeitet. (So viel zum Thema Zeit!) Wir sind Visionäre. Es ist viel passiert seit dem Frühjahr 2005.

Ich bin jetzt Mitte Fünfzig, weiß, dass ich in keinem normalen Job die Möglichkeit hätte, die mir Network-Marketing, insbesondere Empfehlungsmarketing, bietet. Und mir kann nie wieder das passieren, was ich so schmerzlich erlebt habe, denn hier wird nicht verkauft, hier kann sich niemand einkaufen, der Vergütungsplan ist so konzipiert, dass er nur die Menschen reich macht, die andere reich und erfolgreich machen. Das ist wirklich genial!!!

Jetzt habe ich meine Heimat gefunden, nachdem ich viel Lehrgeld bezahlt, total abgestürzt und mit Altlasten wieder aufgetaucht bin. Mein Sohn hat mir, nachdem ich im April 2006 in Berlin nach langer Zeit mal wieder auf der Bühne stand, einen wunderschönen Brief geschrieben, wo er meinen Werdegang u. a. als Aufstieg des „Phönix aus der Asche“ bezeichnet hat ... Zwei Monate später, im Juni, hatte ich das irre Glück, an einem Seminar teilnehmen zu dürfen, und da ging es um „Das Phönix-Prinzip“. Zufall? Nein, gewiss nicht; es hat alles gepasst und mir den Rest an Heilung vermittelt, der bis dahin noch fehlte. Jetzt bin ich wieder komplett!!!

Ich fliege im September in die USA, um die Firma und Produktionsstätte vor Ort kennen zu lernen, während Conny nach nunmehr insgesamt sechs Jahren Bauzeit in ihr schönes Fachwerkhaus zieht und mein Sohn wieder stolz auf seine Mutter ist.

Ich habe die beste Upline der Welt, ein wunderbares Team, das ständig wächst und weiß, dass wir es miteinander schaffen werden, unsere Träume zu erreichen und zu leben!

Und: Ich würde es wieder tun – alles genauso wieder tun!!!

Sonja Renz

Ich kann's nicht lassen

Nun ja, irgendwo muss man ja anfangen. Da ich nicht bei der Geburt beginnen möchte, beginne ich mit einer Geschichte, die immer ungläubig belächelt wurde, die jedoch der absoluten Wahrheit entspricht:

Ich bekam vor weit über 20 Jahren während des Studiums Kontakt zu einer damals als „Strukturvertrieb" bezeichneten Firma aus der Finanzdienstleistung. Ein guter Bekannter begeisterte mich, doch einmal auf ein Wochenendseminar zu gehen. Von da an hatte mich der Virus „Vertrieb" gepackt (von dem man, glauben Sie mir, nie wieder wirklich genesen kann).

Ca. 20 Monate später (ich hatte soeben eine sehr hohe Position in diesem System erreicht und mir mein damaliges Traumauto – im Übrigen bar bezahlt – gekauft) war der Termin für das Examen gekommen und ich fuhr guter Dinge zur Uni, um dieses Examen erfolgreich zu bestehen. Es war an diesem Tag schier unmöglich, einen Parkplatz auf dem Unigelände zu ergattern. Nach x-fachen Versuchen und Umrundungen der Parkplätze traf ich eine Entscheidung. Ich fuhr nach Hause und ward dort nie mehr gesehen.

Diese Entscheidung fiel mir umso leichter, da ich zu diesem Zeitpunkt bereits die folgende, auch immer mit Staunen oder Unglauben zur Kenntnis genommene, aber ebenfalls absolut wahre Geschichte hinter mir hatte:

Als ich damals in die „verpönte“ Finanzdienstleistung eingestiegen war, fragte mich mein (in der Zwischenzeit leider überraschend verstorbener) Vater, was ich denn da so treibe. Ich sei doch in meinem neuen Job viel unterwegs, viel im Büro, auch an den Wochenenden emsig etc. Das sei doch wohl nicht der Sinn meines Studiums gewesen, jetzt in dieser wichtigen Phase die Zügel schleifen zu lassen und sich einer derart „unseriösen“ Firma anzuschließen. Das Gespräch endete damit, dass wir ca. ein dreiviertel Jahr nicht mehr miteinander gesprochen haben, da er meinen Entschluss, hier weiterzumachen, nicht billigte.

Das kommende Weihnachtsfest ergab natürlich ein erneutes Gespräch. Auch hier wieder der Ansatz, was ich täte, wie viel Einsatz ich brächte etc. etc., endend mit der Frage, was ich denn nun bei diesem Einsatz wohl verdiene. Ich zeigte ihm meine gerade gekommene Abrechnung. Ein leichtes Lächeln zeichnete sich auf seinem Gesicht ab, als er meinte, dass dieses ja wohl kein „gescheites“ Jahreseinkommen sei und er eine derartige Summe im Jahr doch auch im Anstellungsverhältnis mit weniger Aufwand erziele. Nun musste ich zur Klärung der Sachlage sein Augenmerk auf die Zeile des Datums lenken und ihn darauf hinweisen, dass dies eine Monatsabrechnung sei. Ich verdiente also zu diesem Zeitpunkt bereits die Summe im Monat, die er im Jahr verdiente. Nachdem er mit Stutzen fertig war, was zweifellos einige Minuten dauerte, kam ein Kommentar, der sogar mich in Staunen versetzte: „Na ja, eigentlich war mir ja schon lange klar, dass das genau der richtige Job für dich ist.“

Wir sprachen also wieder miteinander und hatten bis zu seinem Tod das innige Verhältnis, das immer die Verbindung zu meinen Eltern ausgemacht hat.

Bei diesem Unternehmen verbrachte ich ca. acht Jahre, bevor mich die Realität in Gestalt von Mobbing und Intrigen, die dann eine Trennung von diesem Unternehmen zur Folge hatte, einholte.

Da ich in dieser Zeit eine Menge Energie in meine Weiterbildung investiert hatte, machte ich mir in den Folgejahren die Ausbildung von Führungskräften in verschiedenen Vertriebsunternehmungen zu meiner Aufgabe.

Schließlich war es an der Zeit, die Dinge auch selbst noch einmal umzusetzen, und ich gründete eine eigene Vertriebsfirma in der Finanzdienstleistung. Auch hier liefen die Dinge gut zusammen und der Erfolg ließ nicht auf sich warten. Es war natürlich nicht immer einfach, aber neben einer guten Einkommenssituation wuchs die Organisation und übertraf die in sie gestellten Erwartungen. Hier trennte man sich freundschaftlich nach ca. sieben Jahren in beiderseitigem Einvernehmen, da die Planung des Partnerunternehmens von der meinen abwich und eine weitere Zusammenarbeit nicht sinnvoll erschien.

Während dieser Zeit bekam ich Kontakt zu einem amerikanischen Unternehmen und war sofort vom Network-Marketing angetan. Hier liefen die Uhren anders als im harten Finanzdienstleistungsgeschäft. Nach ca. 18 Monaten hatte ich die höchste Position erreicht und eine Downline von mehreren tausend Partnern war gewachsen. Als hier Entscheidungen getroffen wurden, die ich im Sinne der Menschen, für die ich letztlich Verantwortung hatte, nicht mittragen konnte, kamen mehr und mehr Differenzen auf, die dann (ohne sich hier in Details zu ergehen) zur Trennung führten.

Da diese Dinge mich menschlich sehr betroffen gemacht hatten, wandte ich mich vom Network ab und konzentrierte in den letzten Jahren meine Aktivitäten auf den Bereich Großimmobilien. Ich hatte damals den Fehler der damaligen Unternehmensführung mit dem Vorgehen der gesamten Branche verwechselt – aber ich beobachte stets meine Kollegen aus jener Zeit und sehe, dass einige von ihnen schon lange nicht mehr arbeiten müssen und ein Leben führen, wie es sich andere nur erträumen können. Diejenigen, die „am Ball geblieben“ sind und konstant mit einem seriösen Unternehmen zusammenarbeiten, brauchen sich über die heute so aktuellen und viel diskutierten Themen rund um Altersversorgung, Mehrwertsteuererhöhung, finanzielle Einbußen usw. keine Gedanken mehr zu machen.

Und nun reicht es mir wieder! Und es schließt sich der Kreis (Sie erinnern sich an den Virus): Trotz der auch hier erzielten Erfolge merke ich, dass auch bei mir keine Genesung stattgefunden hat und ich feststellen muss, dass

- mir die Arbeit mit und an den Menschen fehlt,
- Teamwork und Erfolgsstrategien umzusetzen, immer noch eine Herausforderung für mich ist,
- Integrität und Vereinbarkeit von Familie und Erfolg Stichworte sind, die faszinieren, und die Realisation dieser Werte in dieser Branche möglich ist,
- mich die Chance, an einer Erfolgsgeschichte mitzuschreiben, reizt,
- es mich reizt, Menschen zu zeigen, wie man im Network-/Empfehlungsmarketing mit Ausdauer, Lernbereitschaft, Ausbildung und konsequenter Arbeit zum Erfolg findet, der – neben hohen Verdiensten – den meisten Spaß macht,

- Visionen zu leben und Strategien zur Verwirklichung derselben zu geben, unendlich befriedigt,
- es etwas wirklich Sinnvolles ist, in den Menschen zu investieren und an seine Fähigkeiten zu glauben,
- freies, duplizierbares Unternehmertum zu fördern und andere an der Erfahrung partizipieren zu lassen, genau meine Sache ist.

Diese Liste ließe sich ungebremst weiterführen, dies soll jedoch nicht der Sinn dieser Zeilen sein.

Last but not least werde ich diesem Ruf folgen und in diese Industrie (denn es ist immer noch – oder gerade erst – eine Multi-Millionen-Euro/Dollar-Industrie, die in den nächsten Jahren stark wachsen wird) mit der Idee eines Selbstversorgernetzwerkes zu den „alten Werten" zurückkehren.

Ich freue mich auf diese Herausforderung.

Auch Ihnen bei der Umsetzung Ihrer Träume alles Gute.

Dieter Hüschen

Besser spät als nie!

Mein Name ist Gabi Steiner.
Seit dem dritten Lebensjahr meines Sohnes war ich allein erziehende Mutter und auf mich selbst gestellt. Ich möchte mir hier die Umstände ersparen, alles aufzuschreiben, wie es dazu gekommen ist – viele Frauen können sich in meine Lage hineinversetzen. Außerdem gibt es sicher viele Gründe, die mich dahin geführt haben, wo ich damals stand; aber ist das nicht bei jedem Menschen so?!

Doch als „schwäbische Hausfrau" war diese Situation sicher nicht ganz einfach – zumal, wenn man wie ich viele Wünsche hatte, die zur damaligen Lage überhaupt nicht passten.

Schon immer hat es mir zum Beispiel gefallen, mit meinem Sohn zweimal pro Jahr in den Urlaub zu fahren und auch mal in einer Boutique eine neue „Errungenschaft" zu machen. Es ging nicht darum, dass ich es „brauchte"; nein, es ging um die Freiheit, die ich mir zugestehen wollte. Es ging darum, dass ich selbst über das bestimmen wollte, was ich tun will und was nicht! Um das dafür nötige Geld zu verdienen, habe ich schon vor Jahren Nebenjobs wie z. B. in einem Sportstudio gehabt.

Als ich dann vom „Networking" hörte, war das für mich schon lange die Praxis, ohne dass ich wusste, was das ist ...

Ich erfuhr zum Beispiel, dass der Vater einer Kollegin Kindermode anfertigte und diese dort zum halben

Katalogpreis zu kaufen ist. Sofort habe ich alle meine Freundinnen informiert und ihnen von dieser Gelegenheit erzählt.

Ich erinnere mich noch gut daran ... Freitags habe ich meist die neuen Sachen bekommen und nach kurzer Zeit war das schon automatisch so, dass alle Frauen im Laufe des Nachmittags zu mir kamen. Wir haben miteinander geredet – wie es Frauen nun einmal tun – und sie haben dann ihre „Beute" mit nach Hause genommen. Ich weiß es noch genau, denn ich habe damals bei jedem Teil 1,- DM aufgeschlagen und somit die Dinge für meinen Sohn finanziert (da kam dann die „schwäbische Hausfrau" wieder durch ☺) – und jedem war geholfen, alle waren glücklich!

Obwohl ich ausdrücklich erwähnen möchte, dass für mich keineswegs der Verdienst im Vordergrund stand! Dafür war der Aufwand viel zu groß – es waren vielmehr der Spaß, den wir bei der „Übergabe" hatten, und das fröhliche Miteinander, das dadurch automatisch entstand!

Wenn ich mir vorstelle, dass ich heute im Grunde genommen gar nichts anderes mache als damals, dann muss ich schon schmunzeln. Es gibt nur einen wesentlichen Unterschied: Inzwischen werde ich erheblich besser dafür bezahlt! Und wenn ich es mir richtig überlege, dann ist das auch gerecht.

Ich habe einmal gelesen, dass ein Mensch heute in einer Woche mit so vielen Informationen bombardiert wird, wie er sie vor 100 Jahren in seinem gesamten Leben bekommen hat. Dadurch haben wir einen Informations-„Overkill" und wissen, dass Werbung heutzutage einfach so nicht mehr funktioniert. Was ist dagegen der Rat einer Freundin wert? Wir Frauen würden z. B. nie zu einem neuen Friseur gehen, ohne vorher unsere Freundinnen zu befragen. Mundpropaganda ist heute noch das Einzige, das wirklich funktioniert, und ich finde es mehr als gerecht, wenn man die Gelder in diesen Empfehlungskreislauf zurückverteilt!

Damals habe ich nicht geahnt, dass es so etwas wie Network-Marketing gibt. Als ich das erste Mal davon erfuhr, war ich so begeistert, dass ich zwei Nächte kaum schlafen konnte (das ist übrigens ein sehr gesundes „Network-Fieber", das viele hatten und haben, die die wirkliche Chance erkennen). Ich habe damals eine junge Frau auf einem Meeting gesehen und ich wusste: „Wenn sie das kann, dann kann ich das auch."

Alleine der Gedanke, dass ICH SELBST die Chance habe, zu entscheiden, ob ich erfolgreich werde oder nicht, hat mich fasziniert. Ich war mehr als bereit – denn letztlich hatte ich ja schon sehr oft über günstige Gelegenheiten oder tolle Chancen erzählt! Meine Freundinnen wussten das – und als ich ihnen begeistert von Network-Marketing berichtete, haben sie mir sofort geglaubt. Es war ja letztlich nichts Neues für sie, dass Gabi Möglichkeiten weitergibt. Ich glaube, es war fast niemand in meinem Freundeskreis dabei, der die Produkte nicht wenigstens benutzt hat.

Wenn ich mir heute überlege, was in den paar Jahren daraus geworden ist – kein Wunder, dass manch einer ungläubig die Augen verschließt und nicht glauben kann, was da passiert ist.

Während ich diesen Artikel schreibe, sitze ich in meinem Haus an meinem Schreibtisch auf der traumhaften Insel Mallorca mit einem unglaublichen Blick auf das Meer – eine echte Traumvilla – und es macht mir riesigen Spaß, meinen Teampartnern hier Visionen zu vermitteln. Ziele und Visionen spielen für uns eine ganz wichtige Rolle, denn unsere Karriere sollte mit der Erweckung der Ziele beginnen und mit deren Erfüllung enden.

Alle meine finanziellen Ziele habe ich erreicht – obwohl ich heute weiß, dass das nur einen ganz winzigen Teil vom Erfolg ausmacht. Ich weiß heute auch, dass networken nichts anderes ist, als eine großartige Chance weiterzugeben, von der man natürlich selbst überzeugt sein muss. Geld ist dabei zwar sehr angenehm, aber – wie bei meiner Vermittlung der günstigen Kindermode – nur ein kleiner Teil des Nutzens! Erfolg ist eben das, was erfolgt. Aber auch das ist immer das Gleiche: Wenn ich etwas tue, erfolgt etwas. Wenn ich also am „Erfolg" etwas ändern möchte, dann muss ich etwas anderes tun … und das habe ich getan, obwohl es sicher nicht immer einfach war! Ich habe kürzlich eine witzige Definition von Schwachsinn gelesen: immer dasselbe tun und ein anderes Ergebnis erwarten.

Vor zehn Jahren habe ich meinen Traummann Manfred (ich nenne ihn Wissi) kennen gelernt. Ca. eine Woche vorher habe ich das Unternehmen, mit dem ich damals zusammengearbeitet habe, bei „Schreinemakers Live" vertreten. Wissi hat die Sendung damals auch gesehen und etwas später hat uns der „Zufall" zusammengeführt. Wir wussten einfach, dass wir zusammengehören, und haben uns vom ersten Tag an nicht mehr getrennt. Wir waren damals beide 41 Jahre alt und unser brennender Wunsch war, mehr gemeinsame Zeit zu verbringen und die guten Jahre, die uns zur Verfügung stehen, bis auf die letzte Sekunde auszukosten.

Aber das war damals ein Problem ... Wissi arbeitete unter der Woche und ich am Wochenende. Und keine Änderung war in Sicht.

Aber wie sagt man so schön: „Wenn der Schüler bereit ist, kommt der Lehrer!“ Ich war mehr als bereit für eine Lösung und so erkannte ich im April 1999 (als ich auf eine Geschäftsmöglichkeit im Bereich Empfehlungsmarketing traf), dass ich damit genau das erreichen kann, was für die Verwirklichung unseres Ziels notwendig ist: Nämlich mehr Geld UND mehr Zeit!!!

Einige Wochen waren ziemlich turbulent, natürlich hat meine Veränderung nicht jedem gefallen. Aber für mich war mein Ziel ganz klar die Orientierung: mit 50 nicht mehr arbeiten MÜSSEN!

Und ich war sehr begeistert! Nicht nur über die Möglichkeit des Geldverdienens – ehrlich gesagt, hatte ich damals nicht die blasseste Ahnung, wie groß mein Unternehmen nach sieben Jahren bereits sein würde. Es waren andere Werte, die ich sofort erkannte. Die einzige Investition war die Zeit, die ich einsetzte! Und jeder kann nur gewinnen. Für mich war das wirklich ein Sechser im Lotto – auf dem silbernen Tablett serviert. Und so fasste ich einen Entschluss. „Ich werde meine Chance nur noch Menschen erzählen, die hören wollen, was ich zu sagen habe!“

Das mache ich heute noch. Ich weiß heute, dass niemand einen anderen Menschen aus tiefem Herzen überzeugen kann. Jeder kann das nur selbst tun. Deshalb arbeiten wir mit Medien, die neutral sind, damit sich jeder selbst von sämtlichen Vor- und Nachteilen überzeugen kann. Das war auch der Grund, mein erstes Buch, „Von Mensch zu Mensch“, zu schreiben und zu veröffentlichen. Jeder kann es lesen und dann selbst entscheiden, ob er sich verändern will oder nicht.

Nun feiern also Wissi und ich nächste Woche unser 10-jähriges Jubiläum. So habe ich ihm für diese wundervollen Jahre und die Unterstützung, die mir mein Mann auf meinem Weg zum Erfolg zuteil hat werden lassen, ein Geschenk machen können, was vermutlich viele Männer glänzende Augen bekommen lässt. Wissi ist selbstständig und hat einen eigenen Betrieb – und ich erkenne hoch an, dass er immer an meiner Seite ist. Ich weiß auch, dass es schon Selbstbewusstsein erfordert, eine solch erfolgreiche Frau an seiner Seite zu haben. Komisch – Frauen freuen sich automatisch, wenn ihre Männer erfolgreich sind. Männer scheinen da anders zu „ticken“.

Was ich ihm geschenkt habe? Sie wissen schon ... der Klang von acht Zylindern hat bei vielen Männern in etwa dieselbe Wirkung wie eine entsprechende Anzahl von „Karat“ bei dem überwiegenden Teil der Frauen. Das Teil fährt allerdings auf dem Wasser. Das Geschenk war natürlich nicht ganz uneigennützig. Es ist ein Schlauchboot – wenn auch ein sehr luxuriöses – mit 265 PS, aber trotzdem sehr niedrigem Spritverbrauch (das Schwäbische hängt auch da noch drin – was natürlich auch mit meinem Umweltbewusstsein zusammenhängt).

Es gibt für mich kaum einen größeren Genuss, als mit Wissi auf's Meer raus zu fahren, ein Picknick zu machen und mich dann sanft von den Wellen in einen herrlichen Mittagsschlaf wiegen zu lassen. Und wissen Sie, was das Schönste ist? Das können wir machen, sooft wir wollen. Weil wir frei sind!!!

Ich weiß heute, was es bedeutet, Zeit zu haben und nicht mehr arbeiten zu müssen. Wobei ich zugeben muss, dass ich es auch nicht lassen kann. Aber es ist keine Arbeit mehr. Wenn ich die zufriedenen Gesichter sehe und die vielen Geschichten höre, wie Menschen wieder zu denen geworden sind, die sie sein wollten, und nicht mehr nur einfach funktionieren, dann geht mir das Herz auf. Es gibt für mich nichts Schöneres, als zu sehen, wie Menschen selbst gesteckte Ziele erreichen.

Es gibt einen Spruch in unsere Branche, der heißt: „Der Scheck wächst in derselben Geschwindigkeit wie die Persönlichkeitsentwicklung." Da ist was dran! Das ist ein weiterer Grund, warum ich in meiner Organisation die Persönlichkeitsentwicklung in den Mittelpunkt stelle.

Für mich waren die letzten sieben Jahre ein enormer Lernprozess. Manche Dinge muss ich heute noch lernen – manchmal auch mit Schmerzen. So weiß ich heute sicher: Man kann Menschen nicht zu ihrem Glück „zwingen". Wie oft habe ich gesehen, dass Menschen lieber „Recht behalten wollen" als zu lernen, neue Erfahrungen zuzulassen, oder einfach Ungewohntes ausprobieren …

Eine Herausforderung für mich ist zum Beispiel die Klarheit, mich auch einmal abzugrenzen, auch mal ein klares NEIN sagen zu können. Im Grunde genommen bin ich ein Mensch, der sehr ungern NEIN sagt und am liebsten mit allen Menschen in Freude, Friede und Einverständnis leben möchte. Und ich lerne immer weiter. Auch von meinen Geschäftspartnern! Das ist das Schöne dabei.

„Wege entstehen oftmals erst beim Gehen“ ist ein Satz, den ich oft verwende und der sehr gut zu mir passt. Es gab ja in der Vergangenheit nichts Vergleichbares … vielleicht ein Grund, warum so viele Menschen die Goldgrube nicht erkennen können, die da vor ihren Füßen liegt?

Das wird für mich ein weiteres Ziel sein. Der Network-Industrie mehr Anerkennung und den Menschen das Bewusstsein für die Werte dieser wundervollen Branche zu vermitteln!

Ich habe soviel Dankbarkeit für mein wundervolles Leben – ich möchte diese Chance vielen Menschen vermitteln und ihnen mit meiner Geschichte ein Beispiel geben. Ich möchte jedem sagen, dass es einen Weg gibt! Und dass der gar nicht so schwierig ist, wenn wir endlich erkennen, dass nicht Geld alleine der Nutzen ist!!! Wenn ich mein Leben z. B. mit dem von Vorständen oder anderen Führungskräften in der „normalen Wirtschaft“ vergleiche (laut einer Statistik habe ich den ca. 5 bis 6-fachen Verdienst eines Managers) und sehe, dass sie zusätzlich viel mehr Opfer bringen müssen, kaum Zeit für Kinder und Familie haben und dann noch auf einem Schleudersessel sitzen, dann kann ich so gelassen sein, wie es sich viele nicht vorstellen können.

Wissi und ich sind nun beide 51 Jahre alt. Wir genießen unser Leben und kosten jedes Erlebnis aus. Wir sind unabhängig! Keine Politik oder andere fremde Einflüsse können unsere Freiheit einschränken!

Wir werden nie mehr von wirtschaftlichen Faktoren abhängig sein, die wir nicht beeinflussen können. Wir haben einfach ein wundervolles Leben – und die Möglichkeit, vielen Menschen diesen Weg zu zeigen!

Und: Wir haben Menschen in unserem Umfeld, mit denen wir zusammen sein wollen. Inzwischen sind fast alle meine früheren Freunde in meinem Team – manche haben Jahre gebraucht, um diese Chance zu erkennen.

Aber besser spät als nie!

Gabi Steiner

Zum Schluss möchte ich allen Lesern noch die Laudatio von Apple-Gründer Steve Jobs, die er 2005 vor Absolventen der Universität Stanford gehalten hat, mit an die Hand geben. Sie spricht viele der hier im Buch genannten und gelebten Werte und Eigenschaften an. Sie ist eine Inspiration …

Viel Spaß beim Lesen

Dirk Jakob

„Sehr geehrte Damen und Herren, liebe Uniabsolventen,

es ist mir eine Ehre, heute bei euch anlässlich der Diplomverleihung an einer der besten Universitäten der Welt zu Gast zu sein. Um die Wahrheit zu sagen, ich habe nie eine Universität absolviert und ich bin einer Diplomverleihung niemals näher gekommen als hier.

Heute möchte ich euch drei Geschichten aus meinem Leben erzählen. Das ist alles. Nichts Umwerfendes. Einfach drei Geschichten. Die erste handelt davon, wie man die Punkte verbindet.

Ich habe mein Studium an der Reed-Universität nach sechs Monaten abgebrochen, blieb dann aber als Dropin für weitere 18 Monate, ehe ich wirklich aufhörte. Warum bin ich ausgestiegen? Es begann vor meiner Geburt. Meine biologische Mutter war eine junge, unverheiratete Schulabsolventin, die sich entschloss, mich zur Adoption freizugeben. Sie wollte unbedingt, dass ich von Hochschulabsolventen adoptiert wurde. Alles wurde so vorbereitet, dass ich nach der Geburt von einem Anwalt und seiner Frau adoptiert werden sollte. Als ich jedoch geboren wurde, stellten sie in letzter Minute fest, dass sie eigentlich ein Mädchen wollten. Deshalb erhielten meine Eltern, die auf einer Warteliste standen, mitten in der Nacht einen Anruf mit der Frage: „Wir haben unerwartet einen neugeborenen Jungen. Wollen Sie ihn haben?" Sie sagten: „Natürlich". Meine biologische Mutter fand später heraus, dass meine Mutter nie eine Universität besucht hatte und mein Vater kein Abitur hatte. Sie weigerte sich, die endgültigen Adoptionspapiere zu unterschreiben. Sie ließ sich erst ein paar Monate später erweichen, als meine Eltern versprochen hatten, dass ich zur Universität gehen würde.

Das war mein Start ins Leben. Und 17 Jahre später ging ich wirklich zur Uni, aber ich hatte eine Uni gewählt, die fast so teuer war wie Stanford, und alle Ersparnisse meiner Arbeitereltern gingen für meine Unterrichtsstunden an der Uni drauf. Nach sechs Monaten sah ich keinen Sinn mehr darin. Ich hatte keine Vorstellung, was ich mit meinem Leben anfangen sollte und wie die Uni mir dabei helfen sollte, es herauszufinden. Hier war ich nun und gab all das Geld aus, das meine Eltern ihr ganzes Leben lang gespart hatten. Deshalb entschied ich mich dafür, aufzuhören und darauf zu vertrauen, dass alles in Ordnung gehen würde. Im ersten Moment war es ziemlich unheimlich, aber zurückschauend war es die beste Entscheidung, die ich je getroffen habe. In dem Moment, in dem ich mit den Fächern aufgehört hatte, die mich nicht interessierten, fing ich an, die Fächer zu belegen, die mir viel interessanter erschienen.

Es war damals nicht alles eitel Sonnenschein. Ich hatte keinen Schlafplatz, deshalb schlief ich auf dem Boden im Zimmer von Freunden. Ich gab Colaflaschen für fünf Cent Pfand zurück, um mir etwas zu essen zu kaufen. Und ich lief jeden Sonntagabend sieben Meilen durch die Stadt, um im Hare-Krishna-Tempel ein richtiges Essen zu bekommen. Es gefiel mir. Und vieles, in das ich aufgrund meiner Neugier und Intuition hineinschlitterte, erwies sich später als unschätzbar. Dafür möchte ich ein Beispiel nennen:

Zu der Zeit bot die Reed-Universität die wohl beste Kalligraphie-Ausbildung im Land an. Im gesamten Campus war jedes Poster, jedes Schild an jedem Schrank mit wunderbarer Schönschrift geschrieben. Weil ich eigentlich aufgehört hatte, zu studieren, und nicht mehr die normalen Fächer belegen musste, entschloss ich mich, Kalligraphie zu belegen und zu lernen, wie das geht. Ich erlernte die Serife- und Sans-Serife-Schriftart, erfuhr von den unterschiedlichen Abständen zwischen verschiedenen Buchstabenkombinationen und lernte, was eine großartige Typographie ausmacht. Es war wunderbar, historisch und künstlerisch subtil in einer Form, die die Wissenschaft nicht hervorbringen kann. Und ich fand das faszinierend.

Nichts davon schien geeignet, von praktischem Nutzen für mein Leben zu sein. Aber zehn Jahre später, als wir den ersten Macintosh-Computer entwickelt haben, tauchte alles wieder auf und ich brachte es in den Mac ein. Es war der erste Computer mit einer wunderschönen Typographie. Wenn ich damals nicht diesen speziellen Kurs an der Uni belegt hätte, hätte der Mac niemals die mannigfaltigen Schriftarten und Zeichen mit proportionalen Abständen erhalten.

Und da Windows den Mac einfach kopiert hat, ist es sehr wahrscheinlich, dass kein Personalcomputer es je erhalten hätte.

Wenn ich nicht abgebrochen hätte, hätte ich niemals den Kalligrafie-Kurs belegen können und Personalcomputer hätten vielleicht nicht die wunderbare Typographie, die sie heute haben.

Es war natürlich nicht möglich, vorausschauend diese Punkte in Verbindung zu bringen, als ich an der Uni war. Aber es war ganz, ganz deutlich, wenn man zehn Jahre später zurückschaut. Nochmals, man kann die Punkte nicht verbinden, wenn man in die Zukunft schaut. Man kann sie nur verbinden, wenn man zurückschaut. Man muss darauf vertrauen, dass die Punkte sich irgendwie in der Zukunft verbinden. Man muss auf etwas vertrauen – sein Gefühl, sein Schicksal, Leben, Karma usw. Wenn man daran glaubt, dass sich die Punkte in der Zukunft verbinden, gewinnt man die Zuversicht, dem Herzen zu folgen, auch wenn es vom gewöhnlichen Weg abweicht. Und das macht dann den entscheidenden Unterschied aus.

Meine zweite Geschichte handelt von Liebe und Verlust. Ich hatte Glück. Ich fand das, was ich gerne tun wollte, früh in meinem Leben. Woz und ich begannen mit Apple in der Garage meiner Eltern, als ich 20 war. Wir arbeiteten hart und nach zehn Jahren hatte sich Apple aus uns beiden in einer Garage zu einem Zwei-Milliarden-Dollar-Unternehmen mit über 4.000 Angestellten entwickelt. Wir hatten gerade vor einem Jahr unsere beste Kreation, den Macintosh, herausgebracht. Ich wurde eben 30 Jahre alt und da wurde ich gefeuert. Wie kann man von einem Unternehmen gefeuert werden, dass man selbst aufgebaut hat? Nun ja, als

Apple wuchs, haben wir jemanden eingestellt, von dem wir dachten, dass er sehr geeignet wäre, die Führung des Unternehmens mit mir zu übernehmen. Und etwa ein Jahr ging es auch gut. Aber dann gingen unsere Vorstellungen von der Zukunft auseinander und schließlich stritten wir uns. Als wir uns entzweiten, schlug sich der Vorstand auf seine Seite und damit war ich mit 30 Jahren draußen und sehr öffentlich draußen. Das, worauf sich mein gesamtes Erwachsenenleben konzentrierte, war verloren und das war verheerend. Ein paar Monate lang wusste ich nicht, was ich tun sollte. Ich hatte das Gefühl, dass ich die vorherige Unternehmergeneration verraten und den Staffelstab fallen gelassen hatte, als er mir übergeben worden war. Ich traf mich mit David Packard und Bob Noyce und versuchte mich dafür zu entschuldigen, dass ich es so gründlich verdorben hatte. Ich war ein öffentlicher Versager und ich dachte sogar daran, aus dem Valley wegzulaufen. Aber langsam wurde mir etwas bewusst. Ich machte das, was ich tat, immer noch gern. Die Veränderung der Situation bei Apple hatte daran keinen Deut verändert. Ich wurde zurückgewiesen, aber ich war immer noch verliebt. Und so entschloss ich mich, von vorne anzufangen.

Ich konnte es damals nicht erkennen, aber es hat sich herausgestellt, dass mein Rausschmiss von Apple das Beste war, was mir jemals passieren konnte. Die Last, erfolgreich zu sein, wurde durch die Leichtigkeit ersetzt, wieder ein Anfänger zu sein, der sich bei nichts sicher ist. Ich wurde dadurch befreit und konnte eine der kreativsten Perioden meines Lebens beginnen. In den nächsten fünf Jahren baute ich ein Unternehmen mit dem Namen NeXT und ein anderes Unternehmen mit dem Namen Pixar auf. Ich verliebte mich in eine zauberhafte Frau, die ich heiratete.

Pixar schuf den ersten computergenerierten Film „Toy Story“ und ist heute das erfolgreichste Animationsstudio der Welt.

In einem bemerkenswerten Wechselfall der Ereignisse kaufte Apple NeXT und ich kehrte zu Apple zurück. Die bei NeXT entwickelte Technologie ist der Kern der gegenwärtigen Renaissance von Apple. Zudem haben Lorene und ich zusammen eine wunderbare Familie.

Ich bin sicher, nichts davon wäre passiert, wenn Apple mich nicht gefeuert hätte. Es war eine furchtbar bittere Medizin, aber ich glaube, der Patient brauchte sie. Manchmal wird man im Leben wie mit einem Ziegelstein auf den Kopf geschlagen. Verliere nicht die Zuversicht. Ich bin überzeugt, dass das Einzige, das mich am Leben erhalten hat, die Tatsache war, dass ich das, was ich tat, geliebt habe. Man muss finden, was man liebt. Und das stimmt sowohl für die Arbeit als auch für Liebende. Die Arbeit füllt einen großen Teil deines Lebens aus und man kann nur wirklich zufrieden sein, wenn man tut, wovon man überzeugt ist, dass es eine großartige Arbeit ist, und die einzige Art eine großartige Arbeit zu verrichten besteht darin, das, was man tut, zu lieben. Wenn du es noch nicht gefunden hast, suche weiter danach und gib nicht auf. Wie bei allen Herzensangelegenheiten wirst du wissen, wenn du es gefunden hast. Und wie bei jeder guten Beziehung wird es von Jahr zu Jahr besser. Suche also weiter. Gib nicht auf.

Meine dritte Geschichte handelt vom Tod. Als ich 17 war, las ich einen Ausspruch, der ungefähr so klang: „Wenn du jeden Tag so lebst, als wäre es dein letzter, wirst du irgendwann mit ziemlicher Sicherheit Recht behalten." Das hat mich beeindruckt und seit diesem Zeitpunkt habe ich in den letzten 33 Jahren jeden Morgen in den Spiegel geschaut und mich gefragt: „Wenn heute der letzte Tag meines Lebens wäre, würde ich das tun wollen, was ich für heute geplant habe?" Und wann immer die Antwort an zu vielen Tagen hintereinander „Nein" war, wusste ich, dass ich etwas ändern musste. Zu wissen, dass ich bald sterben würde, ist die wichtigste Sache, auf die ich jemals gestoßen bin. Es hat mir geholfen hat, die großen Entscheidungen im Leben zu treffen, weil sich fast alles, alle äußeren Erwartungen, aller Stolz, jegliche Furcht vor Blamage oder Misserfolg angesichts des Todes auflöst. Übrig bleibt nur, was wirklich wichtig ist. Mit dem Wissen, dass man sterben wird, kann man am besten vermeiden, in dem Gedanken gefangen zu sein, dass man etwas zu verlieren hat. Man ist bereits nackt. Es gibt keinen Grund, seinem Herzen nicht zu folgen.

Vor ungefähr einem Jahr wurde bei mir Krebs festgestellt. Um 7.30 Uhr am Morgen wurde bei mir ein Scan durchgeführt und dabei war deutlich ein Pankreastumor zu sehen. Ich wusste nicht mal, was Pankreas war. Die Ärzte sagten mir, dass es sich mit ziemlicher Sicherheit um eine Krebsart handelte, die nicht heilbar sei, und dass ich davon ausgehen könnte, nur noch drei bis sechs Monate zu leben. Mein Arzt riet mir, nach Hause zu gehen und meine Angelegenheiten in Ordnung zu bringen. Das ist der Code der Ärzte für „Bereite dich aufs Sterben vor". Es bedeutet, Deinen Kindern all das in wenigen Monaten zu sagen, wofür du dachtest, du hättest noch zehn Jahre Zeit. Es bedeutet, sicherzustellen, dass dafür gesorgt ist, dass es für deine Familie so leicht wie möglich eingerichtet ist. Es bedeutet, sich zu verabschieden.

Mit dieser Diagnose lebte ich den ganzen Tag. Später am Abend wurde eine Biopsie durchgeführt, wobei ein Endoskop durch meinen Hals und Magen in die Därme geführt wurde und durch eine Nadel in meiner Bauchspeicheldrüse Zellen von dem Tumor genommen wurden. Ich war sediert, aber meine Frau, die auch da war, sagte mir, dass der Arzt, als er die Zellen unter dem Mikroskop betrachtete, anfing zu weinen. Denn es stellte sich heraus, dass es sich um eine sehr seltene Form von Pankreaskrebs handelte, der durch einen operativen Eingriff geheilt werden kann. Ich wurde operiert und ich bin heilfroh, dass es mir heute gut geht.

So nahe hatte ich dem Tod noch nie gestanden und ich hoffe, dass ich in den nächsten Jahrzehnten ihm nicht näher kommen werde. Nachdem ich das durchlebt habe, kann ich Ihnen das heute mit einer größeren Bestimmtheit sagen als damals, als der Tod ein nützliches, aber rein intellektuelles Konzept war. Niemand möchte sterben, selbst die Menschen, die in den Himmel kommen wollen, wollen nicht sterben, um dahin zu gelangen, und doch ist der Tod die Bestimmung, die uns allen gemein ist. Bisher konnte ihm keiner entkommen. Und das ist so, wie es sein sollte, weil der Tod sehr wahrscheinlich die beste Erfindung des Lebens ist. Er ist die Veränderungen bewirkende Kraft im Leben; er beseitigt das Alte und macht Platz für das Neue. In diesem Moment seid Ihr das Neue. Aber eines Tages, in nicht allzu langer Zukunft, werdet Ihr schrittweise älter und langsam beseitigt. Es tut mir leid, dass ich so drastisch klinge, aber es ist die Wahrheit. Deine Zeit ist begrenzt, verschwende sie nicht, indem du das Leben eines anderen lebst. Lass dich nicht von Dogmen gefangen nehmen – das bedeutet, mit den Ergebnissen des Denkens anderer Menschen zu leben. Lass es nicht zu, dass der Lärm der Meinungen anderer deine eigene innere Stimme, dein Herz und deine Intuition übertönt; die wissen bereits irgendwie, was du wirklich werden willst. Alles andere ist sekundär.

Als ich jung war, gab es ein unglaubliches Buch mit dem Titel „Gesamtkatalog der Erde", das für meine Generation wie eine Bibel war. Es wurde von einem Burschen namens Stuart Brand nicht weit von hier in Menlo Park entwickelt, und er erweckte es zum Leben durch seinen poetischen Stil. Das war Ende der 60er Jahre, vor Personalcomputern und Desktop-Publishing. Alles wurde mit Schreibmaschine, Schere und Polaroid-Kamera gemacht. Es war eine Art Google in Paperback, 35 Jahre bevor Google auftauchte. Es war idealistisch, überquellend mit übersichtlichen Werkzeugen und großartigen Ideen. Stuart und sein Team haben mehrere Ausgaben des Gesamtkatalogs der Erde herausgegeben und als es ausgedient hatte, brachten sie eine letzte Ausgabe heraus. Es war Mitte der 70er Jahre und ich war in Eurem Alter. Auf der Rückseite ihrer letzten Ausgabe war das Photo einer Landstraße am frühen Morgen zu sehen, einer Straße, auf der du dich selbst als Anhalter sehen könntest, wenn du so abenteuerlustig wärst. Darunter standen die Worte: „Bleibt wissensdurstig, bleibt dumm." Es war ihr Abschiedsgruß, mit dem sie sich abgemeldet haben. Und ich habe das immer für mich selbst gewünscht und jetzt, da Ihr Euer Diplom erhaltet, wünsche ich euch dasselbe: „Bleibt wissensdurstig, bleibt dumm". Vielen Dank euch allen."

Stanford 2005